Sprechen wir darüber

SPRECHEN WIR DARÜBER

German Conversation:
A Functional Approach

Werner Haas
The Ohio State University

Heimy Taylor
The Ohio State University

JOHN WILEY & SONS
New York   Chichester   Brisbane   Toronto   Singapore

INTERIOR ILLUSTRATIONS: Hal Barnell

Library of Congress Cataloging in Publication Data:

Haas, Werner, 1928–
  Sprechen wir darüber.

  Includes index.
  1. German language—Conversation and phrase books—
English. I. Taylor, Heimy F. II. Title.
PF3121.H17 1984   838.3'421   83-19793
ISBN 0-471-87125-7

Printed in the United States of America

10 9 8 7 6 5 4 3 2 1

PREFACE

Sprechen wir darüber is a conversation text for second- and third-year students of German. Its primary objective is to facilitate meaningful spoken conversation on *student-oriented* subjects. Although this text emphasizes the development of oral skills, *Sprechen wir darüber* also provides ample opportunities for the practice of writing skills. The desire to express personal feelings and experiences has always been a powerful motivator for the improvement of foreign language skills. *Sprechen wir darüber* should motivate students to express their own reactions and opinions on issues with which young adults of today can identify. Topics such as the ups and downs of college life, personal profiles, the draft, and visiting abroad invite users of the text to state their personal views, observations, and preferences.

Although this book provides cultural information about the German-speaking countries, it is not intended as another travel book or another "how to order a Wienerschnitzel" instruction manual. The main goal is not to disseminate a great deal of information about the two Germanies, Austria, and Switzerland, but rather to encourage students to engage in a meaningful discussion on subjects that are close to their own life experiences. Developing such language skills in German will enable them to express themselves or their concerns to German-speaking people, whether in America or on a trip abroad.

The topics, activities, and exercises vary from chapter to chapter to avoid a monotonous approach and dull predictability. Yet the text offers an easy-to-follow chapter structure that will facilitate the use of *Sprechen wir darüber* for both student and teacher.

INTRODUCTORY MATERIAL

Common expressions of joy, disappointment, sadness, doubt, anger, requests for information, and the like are an important part of human communication. People need and use such expressions daily—and often. Therefore, we begin our text with a short list of such expressions, called *Nützliche*

Ausdrücke fürs Gespräch. Practical examples of their application in "All-tagsdeutsch" are also provided. We hope that students will make use of these *Nützliche Ausdrücke* throughout the text.

The *Einführung* chapter is meant as a natural warm-up for a German conversation and composition class. It deals with the question of why and how people study German and also addresses some aspects of German studies. The first class meeting(s) may be the most suitable time to deal with the *Einführung*.

ORGANIZATION OF THE CHAPTERS

Chapters 1–13 contain the following features:

1. Each topic is introduced in one of these ways: by a dialog, a short essay, an introductory statement or paragraph, a situation sketch, a resume, a report.

2. *Activities* include role playing, taking a supportive or adversary position on a specific topic, expressing a personal view, describing one's own thoughts and actions or those of others, engaging in vocabulary-building exercises, answering questions, and other exercises.

3. The *Sprichwort des Tages* combines an informal review of the sounds of German with an exposure to some interesting and revealing idiomatic expression of the German tongue. Such *Sprichwörter* often present a bit of *Landeskunde* and folklore in a nutshell. Students can guess the meaning and the instructor can surely elaborate on these sayings.

4. A *Zungenbrecher* complements the *Sprichwort des Tages* and provides some fun to challenge the students' pronunciation capabilities.

5. The *Grammar Reminders* are precisely what the words say: They should remind users of specific grammatical or syntactical structures that they have learned previously. The *Grammar Reminders* are not meant to be an extensive grammar review. They cannot and will not take the place of a German review grammar. But a few comments and exercises may remind students of some important items of grammar and syntax that they may have forgotten. The *Grammar Reminders* can also be used for written homework assignments.

6. A *Wortschatz* concludes each chapter. It lists new vocabulary items appearing in the chapter, excluding words and expressions that can be considered as very basic first-year German vocabulary. If students cannot find a word needed in the chapter *Wortschatz*, they should consult the end vocabulary.

The last section of the book presents a short collection of jokes from German-speaking countries: *Und zum Schluß: Lachen Sie mit!* These examples of German humor are easy to read and to understand. We added this part strictly for the enjoyment of our students, true to the German motto: "Mit Humor geht alles besser." It is up to the instructor and the students to decide how to integrate these jokes into the total framework of the course. All we wish to say is: "Viel Spaß!"

OTHER MATERIALS

A. Schlüssel und Vorschläge

This appendix section provides a key for certain items appearing in the text. It contains a *Schlüssel* for information about cultural and historic events, stylistic expressions, and special vocabulary. Hints on how to go beyond one-sentence answers are also added in this section.

B. Bedeutung der Sprichwörter

We have given the approximate equivalent in English to all *Sprichwörter* used at the end of each chapter.

C. Grammatik Tabellen

For reference purposes a few tables of grammatical items have been included on p. 159.

D. Starke und unregelmäßige Verben

This short list of frequently used strong and irregular verbs should help students express themselves orally or in writing on the topic at hand.

E. Wörterverzeichnis

The end vocabulary lists most words used in the text except the very basic German *Grundwortschatz* (the first 500 words). An asterisk* indicates that a verb is conjugated with *sein* as the auxiliary in the perfect tenses. Verbs with a separable prefix are listed with a dot between the prefix and the stem: *an·fangen.*

F. Englisch-Deutsch Vokabular

A selective *Englisch-Deutsch* vocabulary is based on this text and should aid students to complete the English-to-German activities and exercises.

CONTENTS

Nützliche Ausdrücke fürs Gespräch

Was sag' ich, wenn . . .

I. Was sag' ich, wenn ich glücklich, froh, zufrieden bin:

z.B.

a. Ich bin froh, . . . ⟨ daß / wenn / weil

b. Es freut mich, . . .
c. Wie schön, . . .
d. Prima, . . .
e. Toll, . . .

Beispiele

a. Ich bin froh, daß du wieder gesund bist.
   Ich bin froh, wenn ich nicht jedes Wochenende arbeiten muß.
   Ich bin froh, weil ich gute Nachricht bekommen habe.
b. Es freut mich, daß er gestern angerufen hat.
   Es freut mich, wenn du bald wiederkommst.
c. Wie schön, daß wir bald Ferien haben.
   Wie schön, wenn man am Wochenende länger schlafen kann.
d. Prima, daß ihr schon wieder da seid!
   Prima, wenn du das für mich erledigen kannst!
e. Toll, daß du das geschafft hast!
   Toll, wie Erika das macht!

II. Was sag' ich, wenn ich enttäuscht, verärgert, traurig, böse bin:

z.B.

a. Wie schade, . . . ⟨ daß / wenn

b. Es tut mir leid, . . .
c. Ich bin enttäuscht, . . .
d. Zu dumm, . . .

1

e. Wie ärgerlich, . . .
f. Wenn ich gewußt hätte, . . .
g. Ich bedaure, . . .

Beispiele

a. Wie schade, daß Sie nicht kommen können!
b. Es tut mir leid, daß wir euch gestört haben.

Es täte mir leid, }
Es würde mir leid tun, } wenn wir uns nicht treffen könnten.

c. Ich bin enttäuscht, daß ich das Stipendium nicht bekommen habe.
Ich wäre enttäuscht, wenn ich das Stipendium nicht bekäme.
(nicht bekommen würde)
Ich bin enttäuscht, weil ich gehofft hatte, das Stipendium zu bekommen.

d. Zu dumm, daß du mir das nicht früher gesagt hast.

e. Wie ärgerlich, daß es schon wieder regnet.
Wie ärgerlich, wenn das Auto morgens nicht startet.
Wie ärgerlich, jetzt ist das Auto schon wieder kaputt.

f. Ich bedaure sehr, daß Sie sich anders entschlossen haben.
Ich bedaure sehr, wenn du das falsch verstanden hast.
Ich bedaure sehr, wie unpersönlich alles geworden ist.

g. So ein Pech, daß ich die Party verpassen mußte!

III. Was sag' ich, wenn ich unsicher, ungewiß bin; mich nicht entscheiden kann oder will:

z.B.

a. Ich weiß nicht, . . .
mit wem
warum
ob
wann
wie oft
wieviel
was

b. Ich bin nicht sicher, . . .
c. Ich kann nicht sagen, . . .
d. Ich muß mir überlegen, . . .
e. Ich möchte mich noch nicht entscheiden, . . .
f. Ich bin mir nicht im klaren, . . .
g. Ich habe nicht den Eindruck, . . .

Beispiele

a. Ich weiß nicht,
b. Ich bin nicht sicher,
c. Ich kann nicht sagen,

⎫
⎬
⎭

mit wem du darüber sprechen sollst.
warum er nicht kommen kann
ob das richtig ist.
wann Bernd heute zurückkommt.
wie oft ich sie gesehen habe.
wieviel das kosten wird.
was Maria darüber sagen wird.

d. Ich muß mir überlegen,

⎫
⎬
⎭

ob ich das tun soll.
wie wir das machen können.
wann ich dafür Zeit habe.
wieviel Geld ich noch brauche.
was ich ihr sagen werde.
mit wem wir das besprechen sollen.

e. Ich möchte mich
     noch nicht entscheiden,

⎫
⎬
⎭

wie ich das machen werde.
wann ich abfahre.
ob wir dorthin fahren.

f. Ich bin mir nicht
     im klaren,

⎫
⎬
⎭

wie ich das machen soll.
ob das sein Fehler war.
wann das geschehen soll.
warum du das getan hast.
wer die Arbeit machen wird.
mit wem sie gesprochen hat.

g. Ich habe den Eindruck, daß es bald besser wird.

IV. Was sag' ich, wenn ich mich informieren möchte:

z.B.

a. Können Sie mir sagen,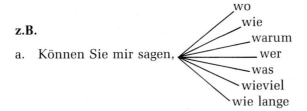

b. Wen muß (soll) ich fragen, . . .
c. Wie (wo, von wem, wann, usw.) kann ich erfahren, . . .
d. Was muß ich machen (tun), um . . .

Beispiele

a. Können Sie mir sagen,

> wo der Bahnhof ist?
> wie ich in die Schubertstraße komme?
> warum wir noch warten müssen?
> wer mir in dieser Sache helfen kann?
> was dort passiert ist?
> wieviel das kostet?
> wie lange das Geschäft heute geöffnet ist?

b. Wen soll (muß, kann) ich fragen,

> wie man von hier zum Bahnhof kommt?
> ob das Museum heute offen ist?
> wer dafür verantwortlich ist?
> wie lange Ute noch auf Urlaub ist?
> was man dagegen tun kann?

c. Wie (wo, von wem, wann) kann ich erfahren,

> ob die Geschäfte heute nachmittag geöffnet sind?
> welcher Film heute gezeigt wird?
> wann sein Flugzeug ankommt?

d. Was muß ich machen (tun), um ein Visum für die DDR zu bekommen?

V. Was sag' ich, wenn ich meine Meinung sage oder die Meinung eines anderen hören möchte:

z.B.

a. Ich bin der Meinung, daß . . .
b. Ich bin der Ansicht, daß . . .
c. Ich bin überzeugt davon, daß . . .

d. Ich finde (glaube, denke, meine), daß . . .
e. Meiner Meinung nach (meiner Ansicht nach) . . .
f. Es kommt mir vor, . . .
g. Es kommt mir vor, als ob . . .
h. Was halten Sie von . . . ?
i. Wie denkst du über . . . ?
j. Wie findest du . . . ?
k. Sind Sie der Meinung, daß . . . ?

Beispiele

a. Ich bin der Meinung, daß man das nicht tun sollte.
b. Ich bin der Ansicht, daß du Inge anrufen solltest.
c. Ich bin überzeugt davon, daß Sie recht haben.
d. Ich finde (glaube, denke, meine), daß wir ihn fragen sollten.
e. Meiner Meinung nach (meiner Ansicht nach) stimmt hier etwas nicht.
f. Es kommt mir vor, das habe ich schon einmal gehört.
g. Es kommt mir vor, als ob ich das schon einmal gehört hätte.
h. Was halten Sie von diesem Buch?
i. Wie denkst du darüber?
j. Wie findet er die Show?
k. Sind Sie der Meinung, daß man das anders machen könnte?

VI. Was sag' ich, wenn ich Gefühle, Meinungen, Reaktionen ausdrücken will?

Diese Verben können Ihnen nützlich sein:

hoffen	empfinden	sich freuen auf/über	nach.denken über
versuchen	gefallen	sich ärgern über	ab.warten
meinen	genießen	sich bemühen um	vor.schlagen
weinen	leiden	sich schämen über/vor	
fluchen	mögen	sich amüsieren über	
lachen			

Verwenden Sie möglichst viele dieser Ausdrücke in allen Kapiteln dieses Buches.

EINFÜHRUNG

Wir lernen Deutsch—und warum?

Warum lernen wir Deutsch? Sprechen wir einmal darüber.*

   I. *Warum sind Sie (bist du) in diesem Deutschkurs?*

      1. Ich möchte in Deutschland . . . (reisen, usw.)

      2. Meine Eltern . . . (sind in Deutschland geboren, usw.)

      3. Ich muß Deutsch lernen, weil . . . (es ein Pflichtfach ist, usw.)

      4. Wir haben deutsche Nachbarn, deutsche . . .

      5. Deutsch ist wichtig, weil . . .

      6. Ich möchte deutsche Zeitungen, deutsche . . .
         Können Sie noch andere Gründe nennen, warum Sie Deutsch lernen?

  II. *Fragen Sie einen Studenten oder eine Studentin,*

      1. warum er/sie Deutsch lernt?

      2. wie er/sie Deutsch findet?

      3. ob er/sie jemand(en) kennt, der Deutsch spricht?

      4. worüber er/sie schon auf deutsch sprechen kann?
         (z. B. Politik, Wetter, usw.)

      5. worüber er/sie nicht sprechen kann oder will?
         (z. B. Krieg, Diät, usw.)

      6. was er/sie beim Deutschstudium schwer findet?
         (z. B. Grammatik, usw.)

 III. *Fragen Sie Ihren Lehrer oder Ihre Lehrerin,*

      1. warum er/sie Deutsch lehrt?

      2. wo er/sie Deutsch gelernt hat?

      3. ob er/sie in einem deutschsprachigen Land studiert hat?

      4. Was noch?

 IV. *Man spricht Deutsch*

      1. Wo spricht man Deutsch?

      2. Wer spricht Deutsch?

*Weitere Anregungen und Ideen für dieses und andere Kapitel finden Sie im Anhang auf Seite 143.

Was lehrt er wohl?

3. Wie viele Menschen in der Welt sprechen Deutsch?*

Ungefähr $\begin{cases} 50 \\ 70 \\ 90 \\ 100 \\ 150 \end{cases}$ Millionen

4. Wie viele von ihnen leben in*
  a. der Bundesrepublik?
  b. der Deutschen Demokratischen Republik?
  c. Österreich?
  d. der Schweiz?
  e. Liechtenstein?

5. Wen kennen Sie, der Deutsch spricht?
  (Nachbarn, usw.)
6. Welche deutschen Dialekte kennen Sie?
  (z.B. Schwäbisch, Bayrisch, usw.)
7. Welche österreichischen Dialekte gibt es?*
  Welche kantonalen Dialekte gibt es in der deutschsprachigen
  Schweiz?

V. *Was sollte man tun, wenn man Deutsch lernen will?*
  Was halten Sie für besonders wichtig? Wählen Sie ein passendes Verb,
  und ergänzen Sie diese Sätze.

*See key, p. 143.

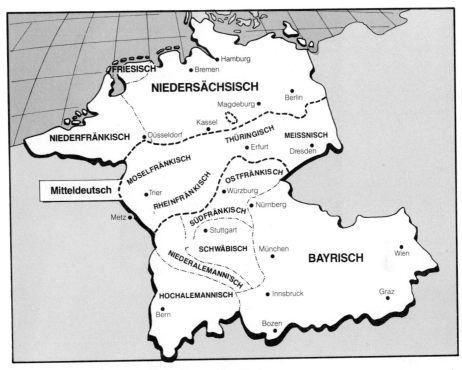

Erfurt   Trier   **OSTFRÄNKISCH**   **SCHWÄBISCH**   **HOCHALEMANNISCH**

Man sollte {

an einem Deutschkurs . . .

Wörter . . .

grammatische Regeln . . .

ins Sprachlabor . . .

Tonbänder . . .

die Aussprache . . .

Geschichten . . .

Geduld . . .

mit anderen deutsch . . .

Prüfungen . . .

ein Wörterbuch . . .

deutsche Fernsehsendungen . . .

deutsche Zeitungen . . .

Vorträge (Vorlesungen) . . .

deutsche Briefe . . .

deutsche Filme . . .

Radio . . .

nach Deutschland (Österreich,
in die Schweiz) . . .

Was noch?

Im Sprachlabor—das hilft.

sprechen, schreiben, mitmachen, ablegen, teilnehmen, auswendig lernen, lernen, gehen, kaufen, anhören, üben, lesen, haben, fahren, studieren, reisen, wohnen

VI. *Wie würden Sie diese Sätze auf deutsch sagen oder schreiben?*

1. Tomorrow I have to write an important exam.
2. My professor has a lot of patience.
3. Can you name five German grammar rules?
4. Do you know a German newspaper?
5. Would you like to travel through Austria or Switzerland?
6. Certain words one must learn by heart.
7. I must practice my pronunciation in the language lab.
8. Do you find grammar difficult too?

Sprichwort des Tages

. . . und wir üben unsere Aussprache.

-a-

Aller Anfang ist schwer.
Guter Anfang ist halbe Arbeit.
Selbst getan, ist bald getan.
Erst die Last, dann die Rast.

Zungenbrecher:

Am andern Abend sagte der Vater, er habe den kalten Braten in den warmen Laden getragen.
Schwarze Katzen kratzen mit schwarzen Tatzen.

Wortschatz

Note: Basic German words (first-semester German) such as: *kommen, gehen, finden, der Freund, der Sommer, und, heute,* etc. as well as cognates are not part of the chapter *Wortschatz*. However, most words used in this text can be found in the end vocabulary.

der **Anhang**	*appendix*
die **Anregung, -en**	*suggestion*
die **Aussprache, -n**	*pronunciation*
die **Bundesrepublik Deutschland**	*Federal Republic of Germany*
die **Deutsche Demokratische Republik**	*German Democratic Republic*
die **Einführung, -en**	*introduction*
die **Fernsehsendung, -en**	*television show*
die **Geduld**	*patience*
die **Geschichte, -n**	*story, history*
der **Grund ⁒e**	*reason*
der **Krieg, -e**	*war*
das **Österreich**	*Austria*
das **Pflichtfach, ⁒er**	*required course*
die **Regel, -n**	*rule*
das **Sprachlabor, -s**	*language lab*
das **Tonband, ⁒er**	*tape*
die **Vorlesung, -en**	*lecture*
der **Vortrag, ⁒e**	*talk, single lecture*
ab·legen (eine Prüfung)	*to take a test*
ergänzen (einen Satz)	*to complete a sentence*
halten für + Akk., **(ä), ie, a**	*to consider*
mit·machen	*to participate*
reisen	*to travel*
teil·nehmen, (i), a, o	*to participate*
vor·schlagen, (ä), u, a	*to suggest*
wählen	*to choose, select*
auswendig lernen	*to memorize, learn by heart*
Bayrisch	*Bavarian*
deutschsprachig	*German-speaking*
passend	*suitable*
Schwäbisch	*Swabian*
ungefähr	*approximately*
usw. (und so weiter)	*etc.*
vollständig	*complete*
wichtig	*important*
z.B. (zum Beispiel)	*for example*

ER

SIE

Kurt Jung	NAME	Erika Maler
Kiel	GEBURTSORT	Stuttgart
27 Jahre	ALTER	33 Jahre
Fußballspieler	BERUF	Mathematiklehrerin
Motorradfahren und Brief-markensammeln	HOBBY	Rollschuhlaufen und Surfen
Jazz	MUSIK	Opern
Gedichte	LEKTÜRE	Romane
die Beine hochlegen und Schallplatten anhören	LIEBLINGSBE-SCHÄFTIGUNG	sich mit Freunden unter-halten und in teuren Re-staurants essen
an einer Fußballweltmeister-schaft teilnehmen	WUNSCHTRAUM	eine Weltreise machen
amerikanische Briefmarken und Süßigkeiten	SCHWÄCHEN	exotische Pflanzen, ita-lienisches Eis
Regen, Fisch, Selbstüber-schätzung	ABNEIGUNG	über andere Leute reden, fliegen
spielte im Europa-Cup	AUSZEICHNUNG	beliebteste Mathematik-lehrerin

Hier wird hart gespielt.

Activities

Und wer sind Sie?

    I. *Erzählen Sie etwas über sich! Beantworten Sie dabei einige der folgenden Fragen:*

— Wie heißen Sie? Wie ist Ihr Name, bitte?

— Wo sind Sie geboren?

— Wie alt sind Sie?

— Was studieren Sie?

— Was möchten Sie werden?

— Welches Hobby haben Sie?

— Was ist Ihre Lieblingsmusik? Welche Musik haben Sie besonders gern? Warum?

— Haben Sie ein Lieblingsbuch? Welches Buch gefällt Ihnen besonders? Warum?

— Haben Sie einen Lieblingsautor oder eine Lieblingsautorin? Was gefällt Ihnen an ihm oder ihr besonders?

— Was machen Sie besonders gern in Ihrer Freizeit?

— Haben Sie einen Wunschtraum? Welchen?

— Was sind Ihre Schwächen?

— Was tun Sie nicht gern? Was gefällt Ihnen nicht?

— Haben Sie schon einmal eine Auszeichnung bekommen?

— Welche?

    II. **1.** Was studieren Sie?

        2. Warum studieren Sie . . ? Erklären Sie, warum Sie Ihr Fach als Hauptfach gewählt haben.

            z.B. Ich studiere Landwirtschaft, weil ich die Natur liebe und gern auf dem Land leben möchte.

              (sich interessieren für, Talent haben für, Geld verdienen, reisen, usw.)

Hier sind einige Studienfächer:

diese "cog-
nates" brauchen
wir ja nicht zu
übersetzen

Biologie	Mathematik	Soziologie
Geologie	Musik	Zoologie
Psychologie	Physik	Astronomie
Philosophie	Chemie	Archäologie
Theologie	Pädagogik	Medizin

fast alle mit "die"

Geschichte	*history*
Kunstgeschichte	*art history*
Wirtschaftslehre	*economics*
Fremdsprachen	*foreign languages*
Sprachwissenschaft	*linguistics*
Staatswissenschaften	*political science*
Informatik	*computer science*
Leibeserziehung	*physical education*
Rechtswissenschaft	*law*
Landwirtschaft	*agriculture*
Ingenieurswesen	*engineering*
Elektrotechnik	*electrical engineering*
Maschinenbau	*mechanical engineering*

das — Ingenieurswesen

das — Maschinenbau

III. 1. Was möchen Sie werden?
2. Was macht man als . . .
z.B. Eine Architektin entwirft Pläne für Häuser, Schulen,
Einkaufszentren, usw.

Hier sind einige Berufe:

Biologin (Biologe)   Mathematikerin (Mathematiker)
Geologin (Geologe)   Pilotin (Pilot)
Chemikerin (Chemiker)   Sängerin (Sänger)
Ärztin (Arzt)   Professorin (Professor)
Zahnarzt, Tierarzt, Kinderarzt   Landwirtin (Landwirt)
Physikerin (Physiker)   Architektin (Architekt)
Journalistin (Journalist)   Psychologin (Psychologe)
Schriftstellerin (Schriftsteller)   Dolmetscherin (Dolmetscher)
Managerin (Manager)   Krankenschwester
                                    Beamtin (Beamte)*

3. Beschreiben Sie einen idealen Beruf. Warum ist er ideal?
4. Welche Berufe sind

    a. einflußreich   c. gefährlich   e. lukrativ
    b. anerkannt   d. gesichert

*A *Beamter* is usually a civil servant working for the federal or state government. Employment
benefits are very good; thus becoming a *Beamter* is a much desired position. Most teachers, postal,
railroad, telephone and telegraph workers are *Beamte*.

Posthausschild Thurn und Taxis
im Fürstentum Reuß um 1830

IV. **1.** *Welches Hobby haben Sie?*
Hier sind einige Beispiele:

Tennis spielen, Turnen, Rudern, Segeln, Kegeln, Schwimmen, Reiten, Surfen, Wandern, Lesen, Kochen, Tanzen, Stricken, Sticken, Weben, Basteln, Malen, Musizieren, Fotografieren, etwas sammeln (Briefmarken, Schallplatten, Bierdosen, Bierdeckel, Schmetterlinge, Starfotos, usw.), Rollschuhlaufen, Schlittschuhlaufen, Schilaufen, Schachspielen

Wenn Ihr Hobby nicht auf dieser Liste steht, fragen Sie Ihre Lehrerin oder Ihren Lehrer, oder schlagen Sie im Wörterbuch nach.

2. *Warum macht Ihnen Ihr Hobby Freude?*
  z.B. Ich schwimme gern, weil es gesund ist, weil ich gern im Wasser bin, weil es billig ist, usw.

3. *Wo und mit wem betreiben Sie Ihr Hobby?*
  z.B. . . . mit meinem Freund, meiner Schwester, usw.

4. *Wie gestalten andere Leute ihre Freizeit?*
Ergänzen Sie jetzt bitte.
  z.B. Andere Leute . . .
    Andere Leute spielen Klavier.

Andere Leute
{
  . . . im Garten.
  . . . Kreuzworträtsel.
  . . . Platten.
  . . . Autos.
  . . . Sport.
  . . . mit Freunden.
  . . . über Politik, Literatur, Sport, usw.
  . . . ins Kino, Theater, in die Oper, usw.
  . . . Bücher, Zeitschriften, Zeitungen, usw.
  . . . Kleider, Blusen, Hemden, usw.
  . . . Fotos, Briefmarken, Löffel, usw.
}

V. *Erklären Sie, warum Sie es nicht gern haben, wenn man:*
  a. immer über sich selbst spricht.
  b. über andere Leute redet.
  c. immer schlecht gelaunt ist.
  d. immer über Geld spricht.
  e. über Krankheiten klagt.

(*It's boring, embarrassing, unpleasant, uninteresting, egotistic, annoying, unfair, shows bad manners, etc.*)

VI. *Wortschatzübung*
Welche Wörter passen hier? Kreuzen Sie die richtigen an.

Plaudern, essen, trinken—das paßt gut
zusammen.

a.   Hans sammelt   Kreuzworträtsel.
                                Briefmarken.
                                Berufe.

b.   Wir   treiben täglich   Freizeit.
                                   Turnen.
                                   Sport.

c.   Ich beschäftige mich gern mit   Pflanzen.
                                                  Gartenarbeit.
                                                  Freunden.

d.   Viele Leute klagen über   Geld.
                                           Nachbarn.
                                           Krankheiten.

e.   Der berühmte Fußballspieler verdient   die Auszeichnung.
                                                              den Geburtsort.
                                                              den Wunsch.

f.   Eltern haben es gern, wenn ihre Kinder   höflich
                                                            beliebt   sind.
                                                            gefährlich

g.   Der Architekt hatte ein neues Einkaufszentrum   erraten.
                                                                          entworfen.
                                                                          beschrieben.

h.   Meine Bekannten   basteln
                                      lesen   in ihrer Freizeit.
                                      verdienen

VII.   *Wer bin ich?*

    Welchen Beruf habe ich? Wählen Sie einen Beruf, und die anderen Studenten sollen ihn (den Beruf) erraten. Jeder stellt Fragen, die *Sie* nur mit „ja" oder „nein" beantworten dürfen. Die Antwort muß in fünfzehn Fragen gefunden werden.

VIII.   *Wie sagt man auf deutsch . . . ?*

    Machen Sie diese Übung mündlich oder schriftlich.

1. I would like to become a teacher (doctor, chemist).
2. I am studying foreign languages (history, law).
3. My favorite author is . . .
4. My dream is to meet . . .
5. I like to collect stamps (coins, glasses).
6. I like to talk with my friends (eat in good restaurants).
7. My birthplace is . . .
8. I don't like it when people complain a lot about their illness (money, the weather).
9. He is in a bad mood.
10. How often do you go to Europe?
11. She always talks about herself.
12. Let's play tennis.
13. I don't like to do crossword puzzles.
14. What are your weaknesses?
15. Chemistry is a difficult subject.

Sprichwort des Tages

. . . und wir üben unsere Aussprache.
-e- -ä-

Ehrlich währt am längsten.
Erst sehen, dann reden.
Leben wirkt mehr als Lehre.
Besser ein Ende mit Schrecken als ein Schrecken ohne Ende.

Zungenbrecher

Ess' ich Essig, ess' ich Essig im Salat.
Wenn mancher Mann wüßte, wer mancher Mann wär, gäb' mancher Mann manchem Mann manchmal mehr Ehr'.

Grammar Reminders

Fragewörter*

Ohne Fragewörter geht's nicht. Erinnern Sie sich noch an diese Fragewörter?

*Interrogatives

Hier sind
einige der
wichtigsten . . .

wo, wie, wann, was, warum, wie oft, wieviel, wie viele, wie lange, was für ein
(eine, einen), welcher (welche, welches), wer (wen, wem, wessen), woher,
wohin, wozu, weshalb, womit, worauf, wofür

Wo wohnen Sie? Wie geht es dir? Wann kommt er? (*spezifische Frage*)
Haben Sie ein Hobby? Studieren Sie Mathematik? (*allgemeine Frage*)

Übungen

I. Ergänzen Sie mit einem richtigen Fragewort.
   z.B. <u>Wessen</u>   Schallplatte spielst du?
       <u>Whose</u>

1. _____ hast du dich unterhalten?
   With whom

2. _____ tanzt mit unserem Lehrer?
   Who

3. _____ Auszeichnung hast du bekommen?
   What kind of

4. _____ Löffel hat deine Mutter schon gesammelt?
   How many

5. _____ hat der bekannte Maler gemalt?
   Whom

6. _____ Briefmarkensammlung ist das?
   Whose

7. _____ fährst du im Sommer?
   Where

8. _____ Politiker gefallen dir?
   Which

9. _____ helfen Ärzte?
   Whom

10. _____ bist du mit deinem Studium fertig?
    When

11. _____ arbeitet Ingrid?
    Where

12. _____ kommt Andreas?
    Where/from

13. _____ geht ihr denn ins Kino?
    With whom

14. Ich schreibe meistens mit einem Bleistift.
    _____ schreibst du meistens?
    With what

II. Verwenden Sie die Fragewörter der Liste in einer Frage, die Sie an
einen Studenten stellen. Ihr Partner beantwortet sie und stellt die
nächste Frage.

Wortschatz

die **Abneigung**	antipathy, disinclination
das **Alter**	age
der **Arzt, ⸚e**	physician
die **Auszeichnung, -en**	award
das **Bein, -e**	leg
der **Beruf, -e**	occupation
die **Beschäftigung**	here: pursuit, activity
der **Bierdeckel, -**	coaster for beer glass
die **Bierdose, -n**	beer can
die **Briefmarke, -n**	postage stamp
der **Dolmetscher, -**	interpreter
die **Freizeit**	leisure time
die **Freude, -n**	joy
die **Fußballweltmeisterschaft**	soccer world championship
der **Geburtsort, -e**	birth place
das **Gedicht, -e**	poem
das **Klavier, -e**	piano
die **Krankheit, -en**	sickness
die **Krankenschwester, -n**	nurse
das **Kreuzworträtsel, -**	crossword puzzle
der **Landwirt, -e**	farmer
die **Lektüre, -n**	reading (material)
Lieblings . . .	favorite . . .
die **Münze, -n**	coin
die **Pflanze, -n**	plant
der **Roman, -e**	novel
der **Sänger, -**	singer
die **Schallplatte, -n**	record
der **Schmetterling, -e**	butterfly
der **Schriftsteller, -**	writer
die **Selbstüberschätzung**	overestimation of one's own capacities, (abilities)
die **Schwäche, -n**	weakness
die **Süßigkeit, -en**	candy
der **Tierarzt, ⸚e**	veterinarian
der **Traum, ⸚e**	dream
die **Weltreise, -n**	trip around the world
der **Wunsch, ⸚e**	wish
der **Zahnarzt, ⸚e**	dentist
die **Zeitschrift, -en**	magazine, journal
an·hören	to listen
beschreiben, ie, ie	to describe

basteln	to do handicrafts, tinker
betreiben, ie, ie	to engage in, pursue
sich beschäftigen mit	to occupy oneself with
entwerfen, (i), a, o	to design
erraten, (ä), ie, a	to guess
fliegen, o, o	to fly
gelaunt sein (schlecht oder gut)	to be in a (good or bad) mood
gestalten (Freizeit)	to organize (one's leisure time)
hoch·legen	to elevate
kegeln	to bowl
klagen	to complain
malen	to paint
nach·schlagen, (ä), u, a	to look up (something)
nähen	to sew
rad·fahren, (ä), u, a*	to ride a bike
rollschuh·laufen, (äu), ie, au*	to roller-skate
rudern	to row
sammeln	to collect
schi·laufen, (äu), ie, au*	to ski
schlittschuh·laufen, (äu), ie, au*	to ice-skate
segeln	to sail
sticken	to embroider
stricken	to knit
treiben, ie, ie (Sport)	to engage in (sports)
turnen	to do gynmastics
sich unterhalten mit, (ä), ie, a	to converse with
verdienen	to earn
weben	to weave
allgemein	in general
anerkannt sein	to be recognized
beliebt	well-liked, popular
berühmt	famous
besonders	especially, particularly
einflußreich	influential
gefährlich	dangerous
gesichert	secure
gesund	healthy
höflich (un-)	polite (impolite)

*Sie fährt Rad. Er läuft Schi. Wir laufen Schlittschuh. Sie ist Rad gefahren. Er ist Schi gelaufen. Wir sind Schlittschuh gelaufen. Sie ist vom Radfahren ermüdet. Wir sind vom Schilaufen ermüdet. Karin hat sich beim Schilaufen verletzt. Wir haben uns beim Schlittschuhlaufen kennengelernt.

KAPITEL 2

O Schreck, wo ist mein Paß–und andere Überraschungen

Hier ist eine Situation, in die jeder von uns einmal geraten kann. Lesen Sie, was passiert ist. Und dann fragen Sie sich: Was würde ich in dieser Situation sagen und tun? Was sagen die anderen Leute? Wie reagieren Sie?

A

Sie verbringen einen Sommer bei Ihrem Brieffreund Walter in Österreich. Sie machen mit ihm und zwei anderen Freunden eine Fahrt mit dem Zug nach Tirol. In einer kleinen Stadt möchten Sie einige Geschenke einkaufen. Sie

Im schönen Ötztal
(Österreich)

Reiseschecks?
Hier brauchen
Sie D-Mark oder
Schillinge . . .

gehen in ein Geschäft, finden einige nette Souvenirs und wollen mit amerikanischen Reiseschecks zahlen. Aber das geht leider nicht. In diesem Geschäft kann man nur mit österreichischen Schillingen oder mit D-Mark zahlen. Die Verkäuferin entschuldigt sich. Ihre Freunde wollen Ihnen Geld leihen, aber das möchten Sie nicht. Die Verkäuferin sagt Ihnen, wo Sie Ihre Reiseschecks umwechseln können. Am Hauptplatz, nur zwei Minuten entfernt, gibt es eine Bank.

Was sagen oder fragen
        Sie/Ihre Freunde/die Verkäuferin?
Spielen Sie diese Situation mit verteilten Rollen.
a. *Vor dem Geschäft.*   Sie sprechen über:
                —das Schaufenster/die Preise/die Geschenke/das Porto/die Auswahl
b. *In dem Geschäft.*   Sie fragen:
                —nach den Preisen/der Qualität/dem Versand/ über Bezahlung mit Reiseschecks; die Verkäuferin zeigt Ihnen Waren/berät Sie/ erklärt die Preise/entschuldigt sich für die Nichtannahme von Reiseschecks/sagt, wo die Bank ist.

                            B

    Sie gehen auf die Bank und geben der Bankbeamtin $100 in amerikanischen Reiseschecks. Sie möchten Dollars in österreichische Schillinge umwech-

Du, dort können wir
Geld umwechseln.

„Wo ist mein Paß"? seln. Die Bankbeamtin fragt Sie nach Ihrem Paß. Aber, o Schreck, Sie können den Paß nicht finden. Haben Sie ihn verloren? Haben Sie ihn zu Hause gelassen? Haben Sie ihn irgendwo liegen lassen? Hat ihn jemand gestohlen? Wo ist er nur? Sie suchen in allen Taschen. Vergebens.

In der Bank. Sie sprechen über:
—den heutigen Kurs/die Summe des Schecks/den Paß/wo der Paß sein könnte/ wer Ihnen helfen könnte/wo Sie nachfragen könnten/warum ein Paß so wichtig ist/ wie man einen neuen Paß bekommen kann/usw.

C

Und was machen Sie jetzt?
a. Sie gehen zur Polizei;
b. Sie rufen bei Ihren Gastgebern an;
c. Sie gehen in das Gasthaus zurück, wo Sie zuletzt gegessen haben;
d. Sie gehen in das Geschäft zurück;
e. Sie gehen aufs Fundbüro;*
f. Sie rufen am Bahnhof an.

Finden Sie einen Gesprächspartner für jede dieser Situationen. Sie stellen Fragen, Sie geben Antworten. Überlegen Sie mal: Was würde man bei a. b. c. usw. fragen und gefragt werden? Verwenden Sie einige der folgenden Ausdrücke:

—einen neuen Paß beantragen	*to apply for a new passport*
—sich einen neuen Paß ausstellen lassen	*to have a new passport issued*
—sich mit der Botschaft in Verbindung setzen	*to get in touch with the embassy*
—sich Dokumente von zu Hause schicken lassen	*to have documents sent from home*
—ein Paßbild machen lassen	*to have a passport picture taken*
—Wären Sie so nett und . . .	*Would you be so kind and . . .*
—Könnten Sie mir einen Gefallen tun?	*Could you do me a favor?*
—Wäre es möglich . . .	*Would it be possible . . .*

*In kleinen Städten befindet sich das Fundbüro meistens im Bürgermeisteramt.

Bayrisches Gasthaus: Da gibt's bestimmt ein gutes Bier.

D

Die Suche nach dem Paß ist leider erfolglos. Weder die Polizei noch das Fundbüro weiß irgend etwas über Ihren Paß. Auch die Nachfrage im Gasthaus, am Bahnhof und im Geschäft bringt nichts. Niemand hat den Paß gefunden oder abgegeben.

Sie bleiben noch zwei Tage in dieser Stadt, dann holen Walters Eltern Sie mit ihrem neuen BMW ab, um sie nach Hause zu bringen.

Sie sind noch nie mit einem BMW gefahren und möchten furchtbar gern selbst diesen schnellen und starken Wagen ausprobieren. Sie bitten darum, und man erlaubt es Ihnen, wenn auch etwas zögernd. Sie erinnern sich, was Ihnen Ihr österreichischer Freund in Amerika einmal gesagt hatte. „Bei uns fahren alle viel schneller." Prima! Sie drücken fest aufs Gaspedal. Toll, wie der Wagen beschleunigt. Das macht Spaß!

Auf einmal hören Sie eine Sirene, und dann sehen Sie auch schon das rotierende rote Licht eines Polizeiautos. Jetzt wissen Sie, was los ist. Rechts ran und stoppen. Die Polizeiroutine in dieser Situation ist ziemlich international.

Hier sind einige Wörter aus dem „Verkehrsvokabular", die Sie vielleicht für die Fragen und Gespräche brauchen:

der Führerschein, -e	*driver's license*
die Geschwindigkeitsbegrenzung, -en	*speed limit*
der Verkehr	*traffic*
die Höchstgeschwindigkeit	*maximum speed*
die Bundesstraße, -n	*Federal Highway*

das Schild, -er	*sign*
der Strafzettel, -	*traffic ticket*
die Vorladung, -en	*summons*
die Geldstrafe, -n	*fine*
die Autobahn, -en	*super highway*
auf·schreiben, ie, ie	*write down, make a note of*
an·schnallen	*fasten one's seatbelt, buckle*
gefährden	*to endanger*

Activities

I. *Was folgt jetzt zwischen:*
    Ihnen/dem Polizisten/Ihren Freunden/Walters Eltern. Spielen Sie diese Situation auch mit verteilten Rollen.

1. Diskussion am „Tatort"
    a. Was sagten Sie, als Sie das rote Licht und das Polizeiauto sahen?
    b. Was dachten Sie sich?
    c. Was sagt und fragt der Polizist?
    d. Wie erklären Sie Ihr zu schnelles Fahren?
    e. Welche Entschuldigungen hatten Sie?
    f. Wie reagierte der Polizist auf Ihre Erklärungen und Entschuldigungen?
    g. Was sagen Walters Eltern? Zum Polizisten? Zu Ihnen?
    h. Was glauben Sie, wie endet diese Episode?
        Müssen Sie Strafe zahlen?
        Bekommen Sie bloß eine Warnung?
        Müssen Sie zum Polizeigericht gehen?
        Wie hätten Sie entschieden, wenn Sie der Polizist gewesen wären?

2. Gespräch im Auto, nachdem der Polizist Sie weiterfahren ließ. Was sagen Sie/Walter/Walters Eltern?

3. Wissen Sie die Antwort auf diese Fragen? Wenn Sie die Antwort nicht wissen, dann raten Sie.*
    a. Was braucht man als Ausländer, wenn man in Österreich oder Deutschland ein Auto fährt?
    b. Gibt es dort eine Geschwindigkeitsbegrenzung?
        Auf welchen Straßen? In den Städten und Orten?

*See key, p. 144.

   c. Wie alt muß man sein, bevor man ein Auto fahren darf?

   d. Was sollte man als Ausländer tun, bevor man im Ausland ein Auto fährt?

Und wie endete schließlich die Sache mit dem Paß? Er war dort, wo Sie ihn selbst hingelegt hatten: In Ihrem größeren Koffer, den Sie nicht nach Tirol mitgenommen hatten . . . ENDE GUT, ALLES GUT!!!

 II. *Wortschatzübung.*

  Ist a. oder b. richtig? Vorsicht! Manchmal stimmen beide Antworten.

  1. Die Verkäuferin *berät* den Touristen.
   a. hilft   **b.** verkauft

  2. Jemand hat meine Uhr *gestohlen.*
   a. genommen   **b.** gekauft

  3. Ich suchte *vergebens* nach meinem Paß.
   a. ohne Erfolg   **b.** sehr lange

  4. Auf der Fahrt nach Hamburg *passierte* ein schreckliches Unglück.
   a. geschah   **b.** ereignete sich

  5. Wenn man zu spät kommt, sollte man *sich entschuldigen.*
   a. sich verschulden   **b.** um Verzeihung bitten

  6. Das müssen wir uns noch gut *überlegen.*
   a. Wir müssen darüber nachdenken.
   b. Wir müssen das noch durchdenken.

  7. Warum *verbringt* Ihr das Wochenende nicht bei uns?
   a. Warum kommt Ihr am Wochenende nicht zu uns?
   b. Warum bleibt Ihr am Wochenende nicht bei uns?

  8. Leider habe ich meine Reiseschecks *liegengelassen.*
   a. nicht mitgebracht   **b.** nicht eingelöst

  9. Deine Geschwister sind *verschieden.*
   a. anders   **b.** sich gleich

  10. Ich muß mir auf der Botschaft einen neuen Paß *ausstellen lassen.*
   a. vorzeigen   **b.** geben lassen

. . . und wir
üben unsere
Aussprache.
 -o-

Sprichwort des Tages

 Not kennt kein Gebot.

 Borgen macht Sorgen.

 Morgenstund' hat Gold im Mund.

 Man soll den Tag nicht vor dem Abend loben.

Zungenbrecher

 Wollte der Lotse mit den roten Booten Kohlen holen, oder hat der Lotse auf leisen Sohlen die Kohlen gestohlen?

Grammar Reminders

Imperativ

Erinnern Sie sich? Es gibt drei verschiedene Imperative im Deutschen:

1. *Sie-Form:*

> Fragen Sie ihn, bitte!
> Stehen Sie auf!
> Geben Sie es mir!
> Rauchen Sie bitte nicht!

(=formal form)

2. *du-Form:*

> Frag(e) ihn, bitte!
> Steh(e) auf!
> Gib es mir!
> Rauch(e) bitte nicht!

(=familiar singular)

3. *ihr-Form:*

> Fragt ihn, bitte!
> Steht auf!
> Gebt es mir!
> Raucht bitte nicht!

(=familiar plural)

Übungen

I. Wie würden Sie zu einem Freund auf deutsch sagen:

  1. Take a trip to Austria.
  2. Please call me tonight.
  3. Ask the police.
  4. Exchange your dollars for schillings.
  5. Go back to your hotel.
  6. Give the key to him.

  Sagen Sie nun dasselbe zu einem *Fremden* (Satz 1–6), und nun zu einer *Gruppe von Freunden* (Satz 1–6).

II. Aus Klagen (*complaints*) werden Befehle oder „starke" Wünsche. Verwenden Sie „doch" im Imperativsatz, wenn Sie wollen. Achten Sie darauf, daß der Befehl (*Wunsch*) sinnvoll ist.

  z.B. Du stellst oft dumme Fragen.
  Stell' (doch) keine so dummen Fragen!

  1. Du rufst nie an.
  2. Sie fahren immer so schnell.
  3. Könnt Ihr uns nicht helfen?
  4. Sie rauchen wieder so viel.
  5. Du schreibst mir so selten.

6. Sie essen wieder zu viel.
7. Was, du hast deine Hausaufgabe noch immer nicht gemacht?
8. Haben Sie keine Reiseschecks gekauft?

III. Schreiben Sie eine „Wunsch- oder Befehlsliste" für Reisende. Mindestens zehn Beispiele, fünf in der Sie-Form, fünf in der du-Form.

z.B. *kaufen*
Kaufen Sie nicht in Geschäften, die keine Preise angeben.
rauchen
Rauche nie, wenn du das Schild „Rauchen verboten" siehst.

Hier sind einige Verben, die Sie für Ihre Liste verwenden können:
fahren / vergessen / essen / liegenlassen / umwechseln / verlieren / sich entschuldigen / anrufen / ausstellen / sich anschnallen / rauchen / sich erinnern an / erklären / zahlen / usw.

Wortschatz

der **Ausdruck**, ⁝e	*expression*
die **Auswahl**	*selection, choice*
die **Bankbeamtin**, -nen	*bank employee (f.)*
das **Bürgermeisteramt**, ⁝er	*mayor's office*
das **Fundbüro**, -s	*lost-and-found office*
der **Gastgeber**, -	*host*
das **Geschenk**, -e	*present*
der **Hauptplatz**	*main square*
der **Kurs**, -e	*exchange rate*
die **Nachfrage**, -n	*inquiry*
die **Nichtannahme**	*nonacceptance*
der **Paß**, ⁝sse	*passport*
das **Polizeigericht**	*police court*
der **Reisescheck**, -s	*traveler's check*
das **Schaufenster**, -	*shop window*
die **Strafe**, -n	*punishment, penalty, fine*
der **Tatort**, -e	*scene (site) of a crime*
die **Überraschung**, -en	*surprise*
die **Verkäuferin**, -nen	*sales woman*
der **Versand**	*shipment*
die **Ware**, -n	*goods*
ab·geben, (i), a, e	*here: to return (something)*
ab·holen	*to pick up (someone/something)*

an·rufen, ie, u	*to call, telephone*
an·schnallen	*to buckle up*
aus·stellen	*to issue (a passport)*
beraten, (ä), ie, a	*to advise*
beschleunigen	*to hurry along*
sich entscheiden, ie, ie	*to decide*
sich entschuldigen	*to apologize*
sich erinnern	*to remember*
erlauben	*to permit*
geraten in, (ä), ie, a	*here: to get, fall into*
leihen, ie, ie	*to lend*
liegen·lassen, (ä), ie, a	*to leave something behind*
rauchen	*to smoke*
stehlen, (ie), a, o	*to steal*
suchen	*to search, look for*
überlegen	*to think about*
um·wechseln	*to exchange*
verbringen, a, a	*to spend (time)*
verlieren, o, o	*to lose*
verwenden	*to use*
zahlen	*to pay*
zusammen·stellen	*to put together*
entfernt	*away*
erfolglos	*unsuccessful*
irgendwo	*anywhere, somewhere*
schließlich	*finally*
verschieden	*different*
verteilte Rollen	*assigned roles (parts)*
ziemlich	*considerable, quite*
zögernd	*hesitantly*
zuletzt	*finally, at last*
vergebens	*in vain*
o Schreck	*oh my (oh dear)*

KAPITEL 3

Bei Deutschen zu Besuch (oder bei Österreichern und Schweizern)*

So, jetzt geht's los.

Stellen Sie sich vor: Sie machen eine Reise nach Deutschland, Österreich oder in die Schweiz. Während dieser Zeit sind Sie auch bei einer Familie eingeladen. Ihre Gastgeber interessieren sich für Sie, Ihre Familie und für Amerika. Man stellt viele Fragen an Sie. Sind Sie darauf vorbereitet?

*Many of the following questions were actually encountered by Ohio State University students participating in study tours.

Activities

I. Beantworten Sie diese Fragen über Ihren Aufenthalt in Deutschland (Österreich, der Schweiz). Finden Sie möglichst viele verschiedene Antworten auf jede Frage.

   1. Wie lange sind Sie jetzt schon in Deutschland?
      Zwei Wochen . . . usw.
   2. Wie lange bleiben Sie in . . . ?
      Bis nächste Woche. . . usw.
   3. Sind Sie schon einmal in . . . gewesen?
      Ja, vor zwei Jahren. . . . usw.
   4. Was bringt Sie nach . . . ?
      Besuch bei Verwandten. . . . usw.
   5. Wie gefällt Ihnen Deutschland (unsere Stadt, unser Dorf)?
      Ich bin gern hier. . . . usw.
   6. Was halten Sie vom deutschen Essen?
      Es schmeckt gut. . . . usw.
   7. Was interessiert Sie besonders in Deutschland (Österreich . . .)?
      Die Sitten. . . . usw.
   8. Was sagen Sie zu unserem Wetter?
      Es regnet viel. . . . usw.

II. 1. Finden Sie passende Verben zu diesen Ausdrücken. Sie haben alle mit dem Thema „reisen" und „Besuch machen" zu tun.

   z.B. Verwandte . . .   Verwandte besuchen
   Verwandte sehen   usw.
   Verwandte kennenlernen

Ferien . . .	auf (in, an) See . . .
eine Studienreise . . .	bei einer Familie . . .
im Reisebüro . . .	in gute(n) Restaurants . . .
für etwas Interesse . . .	neue Gerichte . . .
eine Stadt . . .	auf einen Berg . . .
eine Wanderung . . .	ein Auto . . .
im Garten . . .	Sehenswürdigkeiten . . .
Geschenke . . .	Konzerte . . .
Postkarten . . .	Museen . . .
übers Wetter . . .	im Wald . . .

   2. Stellen Sie Fragen, in denen Sie die obigen Ausdrücke verwenden.

   z.B.   Haben Sie Ihre Flugkarte im Reisebüro gebucht?

III. *Persönliche Fragen.*
   1. Was machen Sie in Amerika?
      Ich arbeite bei . . . usw.
   2. Wo leben Sie in Amerika?
      An der Westküste. In einem Dorf. . . . usw.

ÖBB 00434
Buchs (SG)
Feldkirch
2. Kl alle Züge 19 km
S 54.— ½ 27.—
Gültig 1 Tag

Buchs (SG)
Feldkirch
2. Kl alle Züge 19 km
S 54.— ½ 27.—
Gültig 1 Tag

ÖBB 00434

Meine deutsche „Familie"

   3.   Wo sind Sie aufgewachsen?
         Im Süden.   In einem Vorort von . . . usw.
   4.   Haben Sie Geschwister? Wie viele?
   5.   Was für einen Beruf hat Ihr Vater (Ihre Mutter)?
         Mein Vater ist . . . usw.
   6.   Sind Sie ledig/verlobt/verheiratet/geschieden?
   7.   Wofür haben Sie besonderes Interesse?
         Für Sport/Naturwissenschaften . . . usw.
   8.   Was essen Sie besonders gern?
         Fleisch/Gemüse . . . usw.
   9.   Welche Hobbies haben Sie?
         Briefmarkensammeln/Nähen . . . usw.
  10.   Woher kamen Ihre Vorfahren?
         Aus Italien/dem Nahen Osten . . . usw.
  11.   Wann ist Ihre Familie nach Amerika eingewandert?
         Nach dem Ersten Weltkrieg . . . usw.
  12.   Treiben Sie Sport? Welchen? Wie oft? Wann? Warum?
         Ich schwimme gern. . . . usw.
         Dreimal in der Woche. . . . usw.
         Nach der Arbeit. . . . usw.
         Ich möchte fit bleiben. . . . usw.

  IV. *Fragen über Amerika.*

   1.   Was halten Sie von Ihrem Präsidenten?
         Er ist ein guter Politiker. . . . usw.
   2.   Für wen wählen Sie gewöhnlich? Warum?
         Für die Demokraten, weil . . . usw.
   3.   Warum kostet das Studium in Amerika so viel?
         Wir sind ein kapitalistisches Land. . . . usw.

4. Wie denken Sie über die Frauenbewegung in Amerika?
Sind Sie dafür oder dagegen? Warum?
Sie macht Fortschritte. . . . usw.

5. Gibt es wirklich Gleichberechtigung für alle Amerikaner? Auch
für die Frauen/die Schwarzen/die Latein-Amerikaner?
Es kommt darauf an, ob . . . usw.

V. Und was wollen Sie Ihre Gastgeber fragen? Sie stellen auch viele
Fragen.

1. Über das Haus oder die Wohnung.
Wie lange wohnen Sie schon hier? Wo ist das Badezimmer? . . . usw.

2. Über die Stadt oder das Dorf, in der Ihre Gastgeber wohnen.
Wie viele Einwohner hat . . . ? usw.

3. Über die Politik des Landes.
Welche Partei hat die Mehrheit im Parlament? . . . usw.

4. Und was interessiert Sie noch?

Für 3. und 4. beginnen Sie einige Ihrer Fragen mit:
Glauben Sie, daß . . .
Wissen Sie, ob . . .
Stimmt es, daß . . .
Was passiert, wenn . . .
Was halten Sie von . . .
Könnten Sie mir sagen, . . .
Sind Sie auch der Meinung, daß . . .

VI. *Wortschatzübung*
Finden Sie Synonyme für diese Ausdrücke und bilden Sie damit
vollständige Sätze oder Fragen.

z.B. geschehen = passieren
Was ist gestern bei euch im Büro *geschehen?*
Was ist gestern bei euch im Büro *passiert?*

1. nicht mehr verheiratet sein
2. noch unverheiratet sein
3. meistens
4. emigrieren
5. immigrieren
6. tatsächlich
7. über etwas berichten
8. sich mit jemand(em) unterhalten
9. etwas verständlich machen
10. nicht krank sein
11. etwas besichtigen
12. etwas unternehmen
13. irgendwo groß werden

14. das stimmt nicht
15. etwas fragen

Sprichwort des Tages

. . . und wir
üben unsere
Aussprache.
  -i-

Irren ist menschlich.
Schnelle Hilfe ist doppelte Hilfe.
Stille Wasser sind tief.
Blick erst auf dich, dann richte mich.

Zungenbrecher

Fischers Fritze fischt frische Fische.
Frische Fische fischt Fischers Fritze.
Es ist ein starkes Stück, zu später Stunde mit steifen Stiefeln über spitze
  Steine zu stolpern.

Grammar Reminders

Präpositionen*

Präpositionen verlangen oft den Gebrauch verschiedener Fälle (cases). Diese
Liste erinnert Sie daran.

accusative	durch	*through*	ohne	*without*
	für	*for*	um	*around*
	gegen	*against*		
dative	aus	*out of, from*	nach	*after, toward*
	außer	*except for*	seit	*since, for* (time)
	bei	*near, at*	von	*from*
	mit	*with*	zu	*to*
two-way prepositions	an	*at the side, at, on to*		
	auf	*on top of, on to*		
	hinter	*in back of, behind*		
	in	*inside of, in, into*		
dative or accusative	neben	*next to, beside*		
	über	*over, above, about*		
	unter	*under, among*		
	vor	*in front of, before*		
	zwischen	*between*		

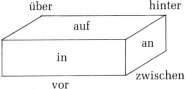

*Prepositions

genitive	anstatt (statt)	*instead of*
	trotz	*inspite of*
	während	*during*
	wegen	*because*

Übungen

I. Ergänzen Sie jeden Satz mit einer passenden Präposition und, wenn notwendig, mit einem Artikel.

1. Ich interessiere mich _____ Politik.

2. Er nimmt _____ Fahrt teil.

3. Wir fahren _____ Ferien _____ Europa.

4. Carla ist _____ Familie Müller _____ Essen eingeladen.

5. Heidi wohnt _____ deutschen Familie _____ Schillerstraße.

6. Ich halte nicht viel _____ Politikern.

7. Erzählt uns etwas _____ eurer Reise _____ Österreich.

8. Fritz arbeitet _____ Ostküste _____ Firma Schmidt.

9. Ingrid bekam _____ Juli den Magistergrad _____ der Universität Köln.

10. Meine Vorfahren sind _____ 19. Jahrhundert _____ Amerika ausgewandert.

11. Wir spielen zweimal _____ Woche Tennis; und manchmal auch _____ Wochenende.

12. Kurt fährt _____ Freitag _____ Hause.

13. Mit Hilfe eines Stipendiums studiert Gerda _____ Universität München.

14. _____ schlechten Wetters wird Karl heute kommen.

15. _____ hohen Kosten kann ich mir das nicht leisten.

16. Wir haben _____ drei Monaten nichts _____ ihm gehört.

17. Wir möchten _____ Bank Dollar _____ Deutsche Mark umwechseln.

18. Die Zeitung liegt _____ Tisch, und meine Schuhe stehen _____ Sofa.

19. Zu Weihnachten gab es _____ Bergen noch nicht genug Schnee.

20. Unsere Basketballmannschaft spielt _____ Samstag _____ ein Team _____ Österreich.

II. *Schreiben Sie diese Sätze auf deutsch.*

1. My parents came to America from Austria after World War II.
2. John stayed with a German family in a small village between Munich and Salzburg.
3. For whom will you vote in the next election?
4. Are you disappointed that Linda had to go home on Friday?
5. They have a big house on a small mountain near the town.
6. What questions would you ask if a Swiss family in Switzerland would invite you?
7. He grew up in a suburb of Berlin not far from a big lake.
8. I play tennis twice a week after work and often on the weekend.
9. What does she think of our president, the womens' movement and equal rights for blacks?
10. I can't imagine that he was married three times.

Wortschatz

der **Aufenthalt, -e**	*stay*
der **Berg, -e**	*mountain*
der **Besuch, -e**	*visit*
das **Dorf, ̈er**	*village*
der **Einwohner, -**	*inhabitant*
das **Fleisch**	*meat*
die **Flugkarte, -n**	*airplane ticket*
der **Fortschritt, -e**	*progress*
die **Frauenbewegung, -en**	*women's movement*
das **Gemüse, -**	*vegetable*
das **Gericht, -e**	*dish, course*
die **Gleichberechtigung**	*equality*
die **Kirche, -n**	*church*
die **Mehrheit, -en**	*majority*
die **Naturwissenschaft, -en**	*natural sciences*
das **Reisebüro, -s**	*travel agency*
die **Sehenswürdigkeit, -en**	*object of interest*
die **Sitte, -n**	*custom*
der/die **Verwandte, -n**	*relative*

der **Vorfahr, -en**	*ancestor*
der **Vorort, -e**	*suburb*
der **Wald, ⁻er**	*forest*
die **Wanderung, -en**	*hike*
an·gehören	*to belong to*
an·kommen auf, a, o	*to depend upon*
auf·wachsen, (ä), u, a	*to grow up*
aus·wandern	*to emigrate*
besichtigen	*to view*
buchen	*to book (a flight)*
ein·laden, u, a	*to invite*
ein·wandern	*to immigrate*
schmecken	*to taste*
es schmeckt mir (dat.)	*I like it (it tastes good to me)*
unternehmen, (i), a, o	*to undertake*
verständlich machen	*to make clear*
vor·bereiten	*to prepare*
sich vor·stellen*	*here: to imagine*
geschieden	*divorced*
gewöhnlich	*usual(ly)*
ledig	*single*
möglichst viele	*as many as possible*
obig	*above (= mentioned)*
verheiratet	*married*
verlobt	*engaged*
es kommt darauf an . . .	*it depends on*

---

*The verb *vorstellen* presents a special case. With a dative reflexive pronoun, it corresponds to English *to imagine.*—Ich kann mir das gut vorstellen.—*I can well imagine that.*

  With an accusative reflexive pronoun, it corresponds to English *to introduce* oneself.—Ich stelle mich vor.—*I introduce myself.*

KAPITEL 4

Etwas übers Fernsehen–
Wir stören doch nicht?

Fast jeden Abend sitzt Familie Schramm nach dem Abendessen vor dem
Fernseher. Heute hat man sich geeinigt, *Unsere neue Welt* anzusehen. Nach
ungefähr fünfzehn Minuten klingelt es. „Wer kommt denn jetzt?" fragt der
Vater etwas irritiert. „Vielleicht sollten wir gar nicht aufmachen", schlägt der
zwölfjährige Thomas vor, denn er möchte sich beim Fernsehen nicht stören
lassen. Aber da klingelt es schon wieder. „Man weiß wohl, daß wir zu Hause
sind. Geh' und mach' bitte auf", sagt die Mutter. Vor der Tür stehen Frau und
Herr Heinemann. Sie sind alte Bekannte. „Wir wollten nur mal kurz rein-
schauen. Wir stören doch nicht?" „Nein, nein", antwortet Thomas und führt
die ungebetenen Gäste ins Zimmer.

   Man bittet sie, Platz zu nehmen, und Herr Schramm versucht, den Inhalt
der Fernsehsendung kurz zu erklären. Er hofft, daß sich die Gäste für das
Programm interessieren, und alle schauen weiter zu. Da die Sendung schon
über zwanzig Minuten läuft, wissen die Gäste nicht, worum es sich handelt.
So langweilen sie sich, bis das Programm endlich zu Ende ist. Nun schaltet
Herr Schramm aus, aber das Ende des Films bedeutet leider auch das Ende des
Besuchs, denn die Heinemanns waren ja nur kurz vorbeigekommen.

   Was bei dieser Familie geschehen ist, kommt fast täglich in tausenden
Familien vor. Das Fernsehen ist zur Gewohnheit geworden. Man sitzt fast

Was sehen sie sich wohl an?

jeden Abend vor dem „Kasten" und läßt sich unterhalten. Die Unterhaltung aus dem „Kasten" scheint wichtiger zu sein als das persönliche Gespräch. Was kann man da nur machen?

Activities

I. Stellen Sie sich folgende Situationen vor. Wie würden Sie reagieren? Vielleicht möchten Sie die Situationen mit verteilten Rollen spielen. Was sagen Sie? Was tun Sie? Was denken Sie?

„Das ist nett von ihr, aber . . ."

Sie sehen sich eine Opernsendung vom Lincoln Center in New York an, auf die Sie schon wochenlang gewartet haben. Da kommt ihre Nachbarin und bringt ein paar frischgebackene Plätzchen. Sie will sich anscheinend mit Ihnen unterhalten.

„Liebe Mutti . . ."

Sie sehen gerade die Fortsetzung der spannenden Sendung *Wer spielt hier Detektiv?* Da bekommen Sie einen Anruf von ihrer Mutter, die Ihnen alle Einzelheiten über die Hochzeit einer Kusine erzählen will.

„Soll ich aufmachen?"

Sie haben sich die ganze Woche auf Samstag gefreut, denn um acht Uhr wollen Sie sich die Weltmeisterschaft im Eiskunstlaufen ansehen. Gerade als Sie den Apparat anschalten, klingelt es. Sie wissen nicht, wer vor der Tür steht.

II. In den folgenden drei Situationen sind Sie der Besucher. Was sagen, tun oder denken Sie jetzt?

„Ich wollte eigentlich . . ."

Eine Freundin hat Geburtstag, und Sie besuchen sie, um ihr ein kleines Geschenk zu geben. Die Freundin führt Sie ins Zimmer, bedankt sich für das Geschenk, bietet Ihnen einen Platz an, erklärt kurz den Kriminalfilm im Fernsehen und sieht sich weiter das Programm an.

„Nein, nicht schon wieder . . ."

Es ist Mittwoch abend, und Sie langweilen sich. Da Sie nichts Besonderes zu tun haben, besuchen Sie Ihren Bruder. Dieser sieht sich wie jeden Mittwoch seine Lieblingsquizshow an. Er begrüßt Sie kurz und sieht weiter fern.

„Nein, nein, ich will ja nicht stören . . ."

Auf einem Spaziergang entschließen Sie sich, kurz bei einem Kollegen reinzuschauen. Die Familie sieht sich ein Bildungsprogramm über die Raumforschung an. Obwohl dies eine Sondersendung ist, will Ihr Kollege den Apparat ausschalten.

III. *Stellen Sie Fragen.*
Hier sind einige Wörter, die Ihnen helfen werden.

die Sportübertragung, -en	*sports telecast*
die Reklame, -n	*advertisement*
die Nachrichten	*news*
die Sendung, -en	*broadcast, telecast*
die Unterhaltungssendung	*entertainment show*

das Werbefernsehen*	*commercials*
das Bildungsprogramm	*educational TV*
ansehen, (ie), a, e	*to look at, to watch*
halten von + dat.	*to think of*
sich unterhalten (lassen)	*to converse; here: to (let oneself) be entertained*
sich interessieren für	*to be interested in*
spannend	*exciting, thrilling*
lustig	*funny*
ernsthaft	*serious*
aktuell	*current, up-to-date*

Fragen Sie eine Studentin/einen Studenten
  was für einen Fernsehapparat sie/er hat
  wie oft sie/er fernsieht
  wann sie/er meistens fernsieht
  was für Programme sie/er besonders gern hat
  ob sie/er sich täglich Nachrichten ansieht
  was sie/er von den vielen Quizshows hält
  welche Sportübertragungen sie/er sich ansieht

„Alles, alles,
was ich immer
übers Fernsehen
wissen
wollte . . .''

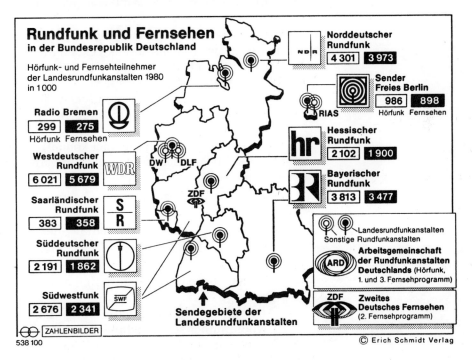

*Im deutschen Fernsehen werden Programme nicht durch Reklame unterbrochen; es gibt zu bestimmten Zeiten Werbefernsehen (meistens zweimal am Tag), in denen Produkte wie Seife, Zahnpasta, usw. angepriesen werden.

welche Fernsehstars sie/er kennt
wie sie/er die Bildungsprogramme findet
was sie/er von den vielen Reklamen hält

IV. Was halten Sie von den folgenden „Fernsehregeln?" Erklären Sie bei jeder Regel, warum Sie dafür oder dagegen sind. Bilden Sie zwei Gruppen: eine Pro-und eine Kontragruppe.

z.B. Wenn ich in meinem eigenen Haus fernsehe, dann darf ich machen, was ich will, auch wenn Gäste kommen.
Student A: Es ist einfach nicht höflich, den Fernseher anzulassen, wenn man Besuch bekommt.
Student B: Nein, damit stimme ich nicht überein. Im eigenen Haus darf ich machen, was ich will. Und wenn ich gerade ein interessantes Programm ansehe, dann muß mein Besuch eben mitschauen.

usw.

a. Wenn man Besuch bekommt, sollte man immer den Apparat ausschalten.
b. Nur bei Sondersendungen darf man den Fernseher anlassen. Man sollte aber immer den Gast fragen, ob er die Sendung mitansehen möchte.
c. Nur bei Unterhaltungssendungen muß man den Apparat abdrehen, wenn man Besuch bekommt.
d. Man sollte einfach den Apparat leiser stellen.
e. Wenn Nachbarn, Freunde, alte Bekannte oder Familienangehörige kommen, darf man weiter fernsehen. Wenn aber Kollegen, der Chef oder „wichtige" Leute kommen, schaltet man immer den Apparat ab.
f. Wenn der Besuch unangemeldet kommt, darf man den Fernseher anlassen. Wenn der Besuch aber erwartet war, muß man ihn ausschalten.

V. *Besprechen Sie:* Wie beeinflussen Radio und Fernsehen unser privates Leben?

VI. *Wie sagt man auf deutsch?* Machen Sie diese Übung mündlich oder schriftlich.

1. Walter, turn on the TV.
2. My neighbor suggested this interesting TV program. (present perfect).
3. At what time do you usually watch the news?
4. I would rather see something humorous.
5. My parents are looking forward to our visit.
6. I have decided to buy a new color TV set.
7. We did agree to turn off the TV at 10 o'clock.

8. My favorite newscaster (Ansager/in) is . . .
9. Quizshows bore me.
10. We offered him to stay a little longer. (present perfect)

„Blödes Fernseh-Programm heute. Stundenlang dasselbe."

„Laß dich hier nie wieder sehen! Verstehst du . . . ?"

Fernsehn am Abend . . .

„Um Himmels willen, was willst du jetzt schon wieder stricken?"

„Die Handlung ist langweilig. Wir werden ein Fernsehspiel daraus machen."

„Stell doch endlich an – du hast ihm versprochen, daß er die Tiersendung sehen darf."

„Dux, bring Herrchen ein bißchen an die frische Luft."

Sprichwort des Tages

„und wir üben
unsere
Aussprache . . .”
          -u-

Ende gut, alles gut.
Es ist keiner so klug, er findet keinen Klügeren.
Froher Mut tut allzeit gut.

Zungenbrecher:

In Ulm, um Ulm, und um Ulm herum.

Grammar Reminders

Verben mit trennbaren Präfixen*

Hier sind einige der Verben mit trennbaren Präfixen, die in diesem Kapitel
vorkommen.**

anbieten, o, o	*to offer*
anpreisen, ie, ie	*to recommend*
anschalten	*to turn on (something)*
anschauen	*to look at*
ansehen, (ie), a, e	*to look at*
aufmachen	*to open*
ausschalten	*to turn off*
fernsehen, (ie), a, e	*to watch television*
reinschauen	*to look in (on someone)*
übereinstimmen	*to agree*
vorbeikommen, a, o	*to visit briefly*
vorkommen, a, o	*to happen*
vorschlagen, (ä), u, a	*to suggest*
vorstellen (sich etwas)	*to imagine***
zuschauen	*to watch*

So verwendet man Verben mit trennbaren Präfixen:

z.B.

Ich *mache* die Tür *auf.*
Ich *machte* die Tür *auf.*
Ich *habe* die Tür *aufgemacht.*

*Verbs with separable prefixes
**Verbs listed here do not appear in the chapter vocabulary.
***See footnote, p. 40.

Ich *möchte* die Tür *aufmachen.*
Weil ich die Gäste hörte, *machte* ich die Tür *auf.*

Imperativ (commands)
Herr Schramm, *machen* Sie bitte die Tür *auf!*
Kinder, *macht* bitte die Tür *auf!*
Klaus, *mach(e)* bitte die Tür *auf!*

Fragen
Warum *machst* du die Tür *auf?*
Warum hast du schon wieder die Tür *aufgemacht?*
Machst du immer die Tür *auf?*

Reflexive Verben

Diese reflexiven (oder reflexiv gebrauchten) Verben kommen in diesem Kapitel vor.*

sich bedanken für	to give thanks for
sich begrüßen	to say hello to each other
sich einigen	to agree
sich entschließen, o, o	to decide
sich freuen auf	to look forward to
sich interessieren für	to be interested in, to take an interest in
sich langweilen	to be bored
sich unterhalten, (ä), ie, a	to converse
sich unterhalten lassen, (ä), ie, a	to let oneself be entertained

So verwendet man reflexive Verben.

Ich interessiere *mich* für Musik.
Du interessierst *dich* für Sport.
Er interessiert *sich* für Politik.
Sie interessiert *sich* für Kunst.
Wir interessieren *uns* für Literatur.
Ihr interessiert *euch* für Autos.
Sie interessieren *sich* für Fremdsprachen.

Übungen

I. Verwenden Sie die folgenden Verben in einer Frage.
1. etwas anbieten
2. etwas vorschlagen
3. sich vorstellen
4. sich für etwas interessieren

*Verbs listed here do not appear in the chapter vocabulary.

     5. sich langweilen   **8.** sich bedanken für
     6. vorkommen   **9.** sich entschließen
     7. sich einigen   **10.** sich freuen auf

II. Bilden Sie Sätze. Machen Sie diese Übung schriftlich.

     1. Karl/leiser/Radio/stellen/bitte/   *imperative*
     2. dürfen/ich/Fernseher/anschalten/   *question*
     3. wir/sich langweilen/in/Theater/gestern   *pres. perf.*
     4. Herr Schmidt/und/Verkäufer/sich einigen über/Preis/Auto
          pres. perf.
     5. Jutta/sich   entschließen / mit / ihr / Freund / Reise / nach / zu /
          Österreich / machen   *simple past*

Wortschatz*

der **Anruf, -e**	(telephone) *call*
der/die **Bekannte, -n**	*acquaintance*
der **Chef, -s**	*boss*
die **Einzelheit, -en**	*detail*
das **Eiskunstlaufen**	*figure skating*
der/die **Familienangehörige, -n**	*relative*
der **Fernsehapparat, -e**	*television set*
der **Fernseher, -**	*television set*
die **Fortsetzung, -en**	*continuation*
die **Gewohnheit, -en**	*habit*
die **Hochzeit, -en**	*wedding*
der **Inhalt, -e**	*content*
der **Kasten, -̈**	*box*
die **Kunst**	*art*
das **Plätzchen, -**	*cookie*
die **Sendung, -en**	*program*
die **Unterhaltung**	*here: entertainment*
das **Werbefernsehen**	*commercials*
die **Zahnpasta**	*toothpaste*
ab·drehen	*to turn off*
bedeuten	*to mean*
führen	*to lead*
geschehen, (ie), a, e	*to happen*
klingeln	*to ring (door bell, alarm clock)*
scheinen, ie, ie	*to seem, to appear*
stören	*to disturb*

*Reflexive Verben und Verben mit trennbaren Präfixen, die in diesem Kapitel verwendet werden, finden Sie auf der Liste auf Seite 46 and 47.

unterbrechen, (i), a, o	*to interrupt*
versuchen	*to try*
warten auf + Akk.	*to wait for (someone, something)*
anscheinend	*apparently*
angemeldet (un-)	*announced (un-)*
endlich	*finally*
erwartet (un-)	*expected (un-)*
fast	*nearly, almost*
kurz	*brief(ly)*
leise	*quiet(ly)*
meistens	*usually, mostly*
persönlich	*personally*
spannend	*exciting*
gebeten (un-)	*invited (un-)*
wochenlang	*for weeks*
sich stören lassen	*to let oneself be bothered or disturbed (by someone)*
zu bestimmten Zeiten	*at certain times*

KAPITEL 5

Reden wir über Redensarten

Wenn ich am Montag eine Prüfung habe, muß ich am Wochenende „in den sauren Apfel beißen". Das heißt, ich muß am Wochenende lernen, wenn ich bei der Prüfung nicht durchfallen will.

Und wenn ich durchfalle, dann „mache ich ein langes Gesicht", denn ich bin sicher enttäuscht.

Aber vielleicht war es meine Schuld: Ich hatte meine Vorbereitung „auf die lange Bank geschoben".

Es gibt aber auch Leute, die eine Prüfung ohne Vorbereitung bestehen. Sie haben wahrscheinlich „Schwein gehabt".

Ja, so kann man Redensarten im Deutschen anwenden. Redensarten machen die Sprache lebendig und anschaulich. Teile des menschlichen Körpers (Gesicht) und Namen von Tieren (Schwein) gehören oft zu Redensarten.

in den sauren Apfel beißen
ein langes Gesicht machen
etwas auf die lange Bank schieben
Schwein haben
auf großem Fuß leben

das sind fünf Redensarten, über die wir in diesem Kapitel sprechen wollen.

Activities

I. *Er beißt in den sauren Äpfel.*

Was bedeutet das?

    a. Er ißt gern saure Äpfel.
    b. Er ist nicht hungrig.
    c. Er muß etwas tun, was er nicht tun will.
    d. Er kauft Äpfel.*

1. Vielleicht mußten Sie schon einmal bei den folgenden Ereignissen „in den sauren Äpfel beißen". Was mußten Sie tun? (*use past tenses*)

    z.B. Vor einer Prüfung . . .
           Wochenende/intensiv/lernen
           Ich mußte am Wochenende intensiv lernen.

*See key, p. 145.

51

a.   Vor einer Prüfung . . .

- Verabredung/Freundin/absagen
- Wochenende/lange/Bibliothek/sitzen
- können/nicht/nach Haus/fahren
- nicht/Party/gehen/können

b.   nach einem Autounfall . . .

- Krankenhaus/müssen/eine Woche/bleiben
- viel Geld/zahlen
- Auto/reparieren/lassen
- Polizeibericht/ausfüllen/einschicken
- alles/immer wieder/erklären

c.   bei der Arbeit

- tun/was/Chef/wollen
- langweilige Arbeiten/erledigen
- Überstunden/Samstag/machen
- abends/lange/Büro/bleiben
- Zimmer/ohne Fenster/nehmen
- können/keine Gehaltserhöhung bekommen

2.   Was sollte man tun, wenn man „in den sauren Apfel beißen muß"? Was gehört hier zusammen? Verbinden Sie die Sätze mit „wenn". Mehrere Kombinationen sind möglich.

z.B.   Das Flugzeug hat Verspätung/sich nicht ärgern.
Wenn das Flugzeug Verspätung hat, sollte man sich nicht ärgern.

Der Chef hat schlechte Laune.	nichts sagen dürfen
Der Hausbesitzer hat die Miete erhöht.	den Mund halten müssen
Ich möchte meine Stelle nicht verlieren.	ruhig bleiben sollen
Heinz ist sehr krank.	nicht zornig werden dürfen
Ursula hat hohes Fieber.	im Bett bleiben müssen
Ich habe an einem Tag drei Schlußprüfungen.	nicht aufstehen dürfen
Mein Professor verlangt zu viel.	sich nicht aufregen sollen

3.   Mußten Sie schon einmal in einen „sauren Apfel beißen"? Wann? Wo? Warum? Beschreiben Sie eine solche Situation.

II.   *Ein langes Gesicht machen.*

Was bedeutet das?

a.   schläfrig sein
b.   ein ovales Gesicht haben
c.   enttäuscht oder traurig sein
d.   ein Gesicht ziehen

1.   Wann mache ich „ein langes Gesicht"? Hier sind einige Ideen. Ergänzen Sie die Sätze. Verwenden Sie entweder das *Imperfekt* oder das *Perfekt*.

z.B.   Meine Freundin rief mich gestern an und sagte, daß sie am Samstag nicht zur Party kommen könnte. *oder* Als meine Freundin mich gestern anrief, sagte sie, daß sie nicht zur Party kommen könnte.

Ausflug machen . . . schlechtes Wetter
zum Footballspiel gehen . . . keine Karten bekommen
Haus kaufen wollen . . . zu hohe Zinsen
Graduate School sich bewerben . . . nicht angenommen
Reise planen . . . krank werden
Schifahren wollen . . . keinen Schnee
Prüfung zurückbekommen . . . schlechte Note erhalten
Kamera kaufen . . . nicht funktionieren
Rock-Konzert besuchen . . . abgesagt
usw.

2.   Beschreiben Sie kurz ein persönliches Erlebnis, bei dem Sie „ein langes Gesicht" gemacht haben.

III.   *Etwas auf die lange Bank schieben.*

Was bedeutet das?
    a.   nie etwas hinausschieben
    b.   etwas auf eine Bank legen
    c.   etwas sofort erledigen
    d.   etwas verzögern

1. a.   Was schieben wir alle gern „auf die lange Bank"?

Rechnungen bezahlen
Formulare ausfüllen
unangenehme Arbeiten verrichten
usw.*

b.   Sagen Sie, warum wir diese Sachen auf die lange Bank schieben?

*Don't forget to look in the „Schlüssel und Vorschläge" pp. 145–146 for ideas.

z.B.   zum Zahnarzt gehen
Ich schiebe den Besuch beim Zahnarzt
auf die lange Bank, weil ich Angst
habe.

Sie können dabei die folgenden Ausdrücke verwenden:
keine Lust haben
faul sein
keine Zeit haben
sich langweilen
müde sein
anderes lieber tun
kein Interesse haben

2.   Fragen Sie einen anderen Studenten, was er/sie „auf die lange Bank schiebt"?

IV.   *Schwein haben.*

Was bedeutet das?

  a.   Schweine züchten
  b.   nicht sauber sein
  c.   Glück haben
  d.   ein Schwein besitzen

1.   Hier sind einige Situationen, wo diese Redensart zutrifft. Beenden Sie jeden Satz.

z.B.   Hans verlor seine Stelle, aber . . .
Hans verlor seine Stelle, aber er konnte sofort eine andere finden.
—Er hat Schwein gehabt.

Gisela hatte einen Autounfall, aber . . .
Franz spielte mit seinen letzten 10 Dollar in der Lotterie und . . .
Herr Müller hatte seine Brieftasche verloren, aber . . .
Die Lehrer hatten ihn bei der Prüfung nur gefragt, was . . .
Wir sind mit unserem alten Auto nach Kalifornien gefahren und . . .
Monika verlor beim Basketballspiel ihre Kontaktlinse, doch . . .

2.   Haben Sie schon einmal „Schwein gehabt?" Geben Sie Beispiele.
3.   Wie reagieren Sie, wenn Sie „Schwein gehabt haben?"

z.B.   Ich bin froh.

Nennen Sie andere Reaktionen, die in solchen Situationen möglich und wahrscheinlich sind.

V.   *Auf großem Fuß leben.*

Was bedeutet das?

  a.   man hat zu große Füße.
  b.   man hat Plattfüße.
  c.   ein Fuß ist größer als der andere.
  d.   man lebt über seine Verhältnisse.

1. Was macht jemand, der „auf großem Fuß lebt"?

Er/sie {
gibt zu viel Geld aus.
geht in viele Schuhgeschäfte.
spart immer Geld.
kauft größere Schuhe.
}

2. Haben Sie schon einmal „auf großem Fuß" gelebt?
Wann? Wo? Warum? Wie oft? Warum nicht?

Was braucht man, um auf großem Fuß zu leben?
Wen kennen Sie, der auf großem Fuß lebt? In welchen Berufen findet man solche Leute?

3. Was würden Sie tun, wenn Sie es sich leisten könnten, „auf großem Fuß zu leben"? Jetzt dürfen Sie fantasieren!
Ich würde . . .

VI. *Was für eine Redensart könnte man hier verwenden?*
a. Mach's doch heute, nicht erst morgen.
b. Sei nicht so traurig.
c. Hans hat seinen Autoschlüssel verloren, aber jemand hat ihn gefunden.
d. Das kann er sich doch nicht leisten!
e. Das mußt du tun. Du hast keine Wahl.
f. Bei diesem Unfall hast du aber Glück gehabt.
g. Sei nicht so enttäuscht!
h. Morgen, morgen nur nicht heute, sagen alle faulen Leute.
i. Da bleibt dir nichts anderes übrig.
j. Du gibst zuviel Geld aus.

Und was könnte man sagen oder schreiben, wenn man *keine* Redensart verwenden will?

z.B. Er machte ein langes Gesicht, als ich ihm das erzählte.
Er war sehr enttäuscht, als . . .

a. Olga, schieb' deine Hausaufgaben nicht auf die lange Bank.
b. Mensch, bei diesem Unfall hast du aber Schwein gehabt!
c. Ob du willst oder nicht, du mußt in den sauren Apfel beißen.
d. Erika, wenn dir etwas nicht gelingt, machst du immer gleich ein langes Gesicht.

VII. *Können Sie erraten, was diese deutschen Redensarten im Englischen bedeuten?*
a. in Geld schwimmen
b. von der Hand in den Mund leben
c. die Hände in den Schoß legen
d. für jemand(en) durchs Feuer gehen
e. die erste Geige spielen
f. im Bilde sein
g. den Faden verlieren

    h.   jemand(en) auf den Arm nehmen
    i.   ein Auge zudrücken
    j.   eine lange Leitung haben
    k.   es platzt einem der Kragen

VIII.   *Umschreiben Sie in sachliches Deutsch: Wird Fritz wieder Schwein haben?*

Mein Freund Fritz muß jetzt in den sauren Apfel beißen. Ja, er kann nicht immer damit rechnen, daß der andere ein Auge zudrückt, wenn man ihn auf den Arm nimmt. Besonders nicht, wenn der andere der Chef ist! Schließlich ist dem Chef der Kragen geplatzt, und Fritz wurde entlassen.

Hat Fritz seinen Chef zu sehr geärgert? Gewiß, aber er hatte auch noch andere Fehler gemacht. Oft hat er seine Pflichten auf die lange Bank geschoben; und außerdem hat er nie den Mund gehalten. Das geht auf die Dauer nicht.

Nun wird Fritz sehr sparen müssen. Gott sei Dank hat er eine Frau, die nicht auf großem Fuß lebt und die für ihn durchs Feuer geht. Freilich, jetzt kann er nicht mehr wie früher die erste Geige spielen, und er muß auch bescheidener leben.

Als Fritz von seiner Entlassung erfuhr, machte er natürlich ein langes Gesicht. Aber du kannst sicher sein, daß er und seine Familie nicht lange von der Hand in den Mund leben werden. Er wird gewiß bald eine andere Stelle finden. Fritz weiß immer, was man in einer solchen Situation zu tun hat. Er hat keine lange Leitung. Angeblich hat ihm bereits eine andere Firma eine neue Stelle angeboten. Mich würde das nicht wundern. Fritz hat ja immer Schwein gehabt!

Sprichwort des Tages:

... und wir üben unsere Aussprache
-ö-

Höfliche Worte vermögen viel und kosten wenig.
Ein kleines Wölkchen verbirgt oft die strahlendste Sonne.
Versprochene Beeren füllen die Körbe nicht.

Zungenbrecher:

Freilich erfreute den fröstelnden Förster am Freitag früh das fröhliche Füttern der frierenden Vögel.

Grammar Reminders

Imperfekt und Perfekt*

Erinnern Sie sich noch, wie man im Deutschen das Verb im Imperfekt und im Perfekt bildet? Sehen Sie sich die Beispiele an, und schreiben Sie dann die Übungen.

*Simple past and present perfect

VERB	PRÄSENS	IMPERFEKT	PERFEKT
haben	ich habe nie Zeit	ich hatte . . .	ich habe . . . gehabt
sein	du bist zu Hause	du warst . . .	du bist . . . gewesen
weak vb.	sie lernt Deutsch	sie lernte . . .	sie hat . . . gelernt
strong vb.	er liest die Zeitung	er las . . .	er hat . . . gelesen
strong vb.	wir fahren nach Köln	wir fuhren . . .	wir sind . . . gefahren
mixed vb.	ihr bringt das Bier	ihr brachtet . . .	ihr habt . . . gebracht
separable vb.	ich fülle das For-mular aus	ich füllte . . .aus	ich habe . . . ausgefüllt
inseparable vb.	sie verkaufen ihr Auto	sie verkauften . . .	sie haben . . . verkauft
-ieren	es passiert nichts	es passierte . . .	es ist . . . passiert
-ieren	ich organisiere es	ich organisierte . . .	ich habe . . . organisiert

Übungen

I. Stellen Sie *Fragen* im *Perfekt*. Achten Sie auf die richtige Worttell-
ung.

   z.B. du/wieder/schieben/deine Hausaufgabe/die lange Bank/
   Hast du deine Hausaufgabe wieder auf die lange Bank
   geschoben?

   1. er/durchfallen/dieses Jahr/in Chemie?
   2. den Polizeibericht/nach dem Unfall/Sie/ausfüllen/sofort?
   3. erhöhen/unsere Miete/wieder/sie/dieses Jahr?
   4. die Preise/steigen/noch mehr/seit/Januar?
   5. anrufen/heute/deine Eltern/du?
   6. seine Brieftasche/wo/finden/ihr?
   7. hohes Fieber/gestern/Ute/haben?
   8. eine Gehaltserhöhung/schon/du/bekommen/wieder?

II. Wie sagt man auf deutsch?

   1. The professor had to cancel his class for the first time. (Imperfekt)
   2. I think he didn't send in his report. (Perfekt)
   3. We were disappointed when he didn't visit us. (Imperfekt)
   4. You have lived beyond your means for too long. (Perfekt)
   5. I never heard this idiomatic expression. (Perfekt)
   6. He didn't get up when she entered the room. (Perfekt)
   7. That has not been his fault. (Perfekt)
   8. How long have you saved for this house? (Perfekt)
   9. Our dog bit him several times. (Imperfekt)
   10. Do you know if she passed her exam? (Perfekt)

Wortschatz

die **Angst,** ⸚e	*fear*
der **Ausflug,** ⸚e	*outing, excursion*
der **Autoschlüssel,** -	*car key*
die **Brieftasche, -n**	*wallet*
die **Entlassung, -en**	*dismissal*
das **Ereignis, -se**	*event*
das **Erlebnis, -se**	*experience*
der **Faden,** ⸚	*thread*
das **Formular, -e**	*(printed)* form
die **Gehaltserhöhung, -en**	*salary increase*
die **Geige, -n**	*violin*
das **Gesicht, -er**	*face*
der **Hausbesitzer,** -	*owner of a house, landlord*
die **Karte, -n**	*here: ticket*
die **Kontaktlinse, -n**	*contact lense*
der **Körper,** -	*body*
das **Krankenhaus,** ⸚er	*hospital*
die **Laune, -n**	*mood*
die **Note, -n**	*here: grade*
die **Pflicht, -en**	*duty*
der **Plattfuß,** ⸚ße	*flat foot*
der **Polizeibericht, -e**	*police report*
der **Rasen,** -	*lawn*
die **Redensart, -en**	*idiomatic expression*
der **Schoß,** ⸚e	*lap*
die **Schuld**	*guilt*
die **Stelle, -n**	*position, job*
der **Teil, -e**	*part*
das **Tier, -e**	*animal*
die **Überstunde, -n**	*overtime*
die **Verabredung, -en**	*date,* appointment
das **Verhältnis, -se**	*relationship*
die **Verspätung, -en**	*delay*
die **Wahl, -en**	*choice*
die **Zinsen,** pl.	*interest* (banking)
ab·sagen	*to cancel*
an·nehmen, (i), a, o	*to accept*
an·wenden	*to apply, use*
sich ärgern	*to be, feel angry*
sich aufregen	*to get excited, upset*
aus·füllen	*to fill out*
aus·geben, (i), a, e	*to spend*

beißen, i, i	*to bite*
besitzen, a, e,	*to own*
bestehen, a, a, (eine Prüfung)	*to pass (an exam)*
sich bewerben um, (i), a, o	*to apply for*
durch·fallen, (ä), ie, a	*to fail, flunk*
ein·schicken	*to send in*
entlassen, (ä), ie, a	*to dissmiss, to fire*
erhalten, (ä), ie, a	*to receive*
erledigen	*to take care of*
gelingen, a, u	*to succeed*
hinaus·schieben, o, o	*to put off*
mähen	*to mow (a lawn)*
putzen	*to clean*
rechnen	*to count on, expect*
schieben, o, o	*to push*
sparen	*to save*
umschreiben, ie, ie	*here: to rewrite*
verlangen	*to demand*
verrichten	*to execute, perform*
verzögern	*to delay*
zu·drücken	*to close, press (shut)*
zu·treffen auf, (i), a, o	*to fit, to apply to*
angeblich	*alleged(ly)*
anschaulich	*expressive*
bescheiden	*modest(ly)*
enttäuscht	*disappointed*
faul	*lazy*
freilich	*to be sure*
menschlich	*human*
ruhig	*quiet*
sachlich	*factual*
sicher	*sure(ly)*
schläfrig	*sleepy*
sofort	*immediately*
traurig	*sad*
unangenehm	*unpleasant*
unnötig	*unnecessary*
wahrscheinlich	*probably*
zornig	*angry, enraged*

Besondere Ausdrücke

auf die lange Bank schieben	*to put off, procrastinate*
auf großem Fuß leben	*to live in grand style*

den Mund halten	*to be quiet, shut up*
durchs Feuer gehen für	*to be very loyal*
einen Ausflug machen	*to make an excursion*
ein langes Gesicht machen	*to be disappointed*
eine lange Leitung haben	*to be slow in the uptake*
es bleibt dir nichts übrig	*you don't have a choice*
es sich leisten können	*to be able to afford it*
Glück haben	*to be lucky*
in den sauren Apfel beißen	*to swallow the bitter pill*
keine Lust haben	*to have no desire (to do something)*
nicht auf die Dauer	*not indefinitely*
über seine Verhältnisse leben	*to live beyond one's means*
Schwein haben	*to be lucky*

KAPITEL 6

STUDENT(IN) sein: Situationen, Erlebnisse, Probleme

Worüber spricht heute der Professor?

In diesem Kapitel sprechen Sie über Ihr derzeitiges Leben: das Leben einer Studentin oder eines Studenten. Amerikanische und deutsche Universitäten sind verschieden. Akademische Programme, die Verwaltung, die Zeitpläne und manches andere unterscheiden sich voneinander. Aber viele Dinge und Probleme im Leben der Studenten sind ähnlich—hüben und drüben—in Amerika und in Deutschland.

Activities

I. Was macht eine Studentin (ein Student), wenn sie/er den Professor nicht leiden kann?

z.B. Sie/er könnte den Kurs (die Vorlesung) fallen lassen.
Sie/er könnte einen anderen Kurs (eine andere Vorlesung) belegen.
Sie/er muß sich mit ihm abfinden.
Sie/er muß sich an ihn gewöhnen.
Sie/er sollte versuchen, seine guten Seiten zu erkennen.

Was macht
sie/er, wenn
sie/er . . .

kein (oder nicht genug) Geld hat?
das gewählte Fach sehr schwer oder zu leicht findet?
einen Job braucht, aber keinen finden kann?
eine Vorlesung, eine Übung, ein Labor, ein Seminar langweilig findet?
zu viele Vorlesungen oder Übungen gewählt hat?
auf eine Prüfung nicht vorbereitet ist?

eine schlechte Note bekommt?
lange nichts von ihrem Freund (seiner Freundin) gehört hat?
eine Vorlesung nicht belegen kann, weil sich schon zu viele Studenten dafür eingeschrieben haben?
sich vor Prüfungen fürchtet?
nicht genug Schlaf findet?
beschuldigt wird, geschwindelt zu haben?
kein Zimmer finden kann?
die Miete erhöht bekommt?
morgens das Auto nicht starten kann?
den Scheck der Eltern nicht bekommt?
kein Stipendium erhalten hat?
eine Zimmerkollegin (einen Zimmerkollegen) hat, mit der sie sich (dem er sich) nicht versteht?

Hier ist eine Vokabelliste, die Ihnen vielleicht bei Ihren Antworten helfen kann. Doch Vorsicht: Alles durcheinander! Finden Sie, was paßt. Und fügen Sie hinzu, was Ihnen sonst noch einfällt.

Schlafmittel nehmen/Angst haben/ Sport treiben/ Job suchen/ sich Geld leihen/ Telefongespräche führen/ umziehen/ sich anstrengen/ Rechtsanwalt aufsuchen/ Geld verdienen/ sich beraten lassen/ sich ärgern/ zuviel rauchen und trinken/ Fach wechseln/ protestieren/ aufgeregt sein/ sich beschweren/ traurig sein/ Vorlesung nicht besuchen/ fluchen/ aufs Beste hoffen/ Professor(in) aufsuchen/ Gesuche oder Briefe schreiben/ Zeitungsannoncen lesen/ Zimmerkollegen (-kolleginnen) tauschen/ auf- und abgehen/ um Verständnis bitten/ sich entschuldigen/ nicht schlafen können/ eine Anleihe aufnehmen/

II. „Studenten sind . . .”
Wie Sie wissen, gibt es gewisse stereotype Meinungen und Vorurteile über Studenten und das Studentenleben.

Bild ohne Worte. (Vor der Universität München)

z.B. „Studenten haben vom wirklichen Leben keine Ahnung.''
„Studenten wissen gar nicht, wie gut es ihnen geht.''
„Studenten trinken zuviel und haben zu viele Partys.''
„Studenten sind nur Theoretiker.''
„Studenten haben immer radikale Ideen.''
„Studenten wissen nicht, was es heißt, einen
   8–17 Uhr Job zu haben.''
„Studenten gehen oft nur ins College oder auf die
   Universität, um einen Partner zu finden.''

Was haben Sie dazu zu sagen? Nehmen Sie zu den angeführten Meinungen Stellung. Diskutieren wir über diese Klischees.

  III.   **1.**   Ein deutscher Student interviewt Sie für eine deutsche Studentenzeitung. Er stellt Fragen über:

    a. Immatrikulation an amerikanischen Universitäten
    b. Studienkosten
    c. Studiengang
    d. Prüfungen
    e. Fakultät
    f. Wohnheime
    g. Studentenleben

Finden Sie einen Partner für dieses Interview.

2. Sie arbeiten für Ihre Studentenzeitung und interviewen—auf deutsch, natürlich—

   a. eine deutsche Filmschauspielerin
   b. einen Politiker aus der DDR (Ostdeutschland)
   c. einen Schweizer Bankier
   d. den Präsidenten des Münchner Oktoberfestes
   e. eine österreichische Olympiasiegerin im Schilaufen
   f. einen Wiener „Sängerknaben"

Bereiten Sie Fragen vor, die Sie an diese Personen stellen wollen. Gute Journalisten haben meistens einen „Interviewplan". Die anderen Studenten in Ihrer Klasse übernehmen die Rollen der Interviewten.

z.B.   ein Politiker aus der DDR

1. Herr . . . , gibt es in der DDR eine freie Presse?
2. Wird es je eine Wiedervereinigung Deutschlands geben?
3. Warum hat die DDR die Berliner Mauer gebaut?
   usw.

IV. *Aus dem Tagebuch eines Studenten.*

   1. „Heute klappte alles."

      a. Ich bekam eine Prüfung zurück. SEHR GUT!
      b. Meine Großmutter schickte mir einen „dicken" Scheck.
      c. Ich habe eine billigere und größere Wohnung gefunden.
      d. Man hat mir eine gute Stelle für den Sommer angeboten.
      e. Fürs nächste Semester brauche ich mir keine neuen Bücher zu kaufen, denn mein Freund Bill hat sie mir geschenkt.

   2. „Heute ging alles schief." (d.h. Heute hatte ich nur Pech.)

      a. Nachts konnte ich nicht schlafen, weil Leute auf der Straße lärmten.
      b. Als ich am Morgen unausgeschlafen aufwachte, hatte ich furchtbare Kopfschmerzen.
      c. Beim Frühstück goß ich mir heißen Kaffee über die Hose.
      d. In der Kalkulusklasse gab's eine Prüfung, auf die ich nicht vorbereitet war.
      e. An meinem geparkten Auto fand ich einen Strafzettel. Ich hatte falsch geparkt.
      f. Am Nachmittag brachte mir die Post einen Brief: Meine Miete wird ab nächsten Monat erhöht.
      g. Und abends erhielt ich noch einen Anruf von meinem Freund. Er fährt in den Ferien nicht mit mir nach Hause.

Kommen Ihnen solche Erlebnisse bekannt vor? Sie passierten Ihnen wahrscheinlich nicht alle am selben Tag. Aber Ähnliches haben Sie bestimmt schon erlebt.

   3. Erzählen oder schreiben Sie, was einem Studenten oder einer Studentin an einem Tag an ihrer (seiner) Universität oder ihrem

Gibt es so etwas auch an Ihrer Uni? Was steht wohl auf
diesen Zetteln?

(seinem) College passieren kann; oder was Ihnen persönlich passiert ist.

4. Lesen Sie noch einmal „Heute klappte alles" und „Heute ging alles
schief". Wie hätten Sie auf jede dieser Überraschungen reagiert?

Sprichwort des Tages:

. . . und wir
üben unsere
Aussprache.
-ü-

Würden sind Bürden.
In der Kürze liegt die Würze.
Das Glück hat Tück.
Frühe Saat trügt oft.

Zungenbrecher:

Fühlen wir kühlen Wind an vielen trüben Küstendünen?

Grammar Reminders

Konjunktionen

A. Subordinierende Konjunktionen (*subordinating conjunctions*)
Hier ist eine Liste der wichtigsten subordinierenden Konjunktionen:

als	*when, as*	obwohl	*although, even though*
bevor	*before*	seit, seitdem	*since (temporal)*

bis	until	sobald	as soon as
da	since (causal), because	solange	as long as
damit	so that	während	while, whereas
daß	that	weil	because
ob	whether	wenn	if, whenever

Alle subordinierenden Konjunktionen können einen Hauptsatz (*main clause*) mit einem Nebensatz (*subordinating clause*) verbinden. *Alle subordinierenden Konjunktionen verwenden "verb-last" Wortstellung.*

Übungen

I. Verbinden Sie die Sätze mit der in der Klammer angeführten Konjunktion. Jeder Ihrer Sätze muß sinnvoll sein.

    z.B. (wenn) Ich komme nach Hause.
             Ich ziehe mir die Schuhe aus.
             Wenn ich nach Hause komme, ziehe ich mir die Schuhe aus.
             —oder—
             Ich ziehe mir die Schuhe aus, wenn ich nach Hause komme.

1. (obwohl) Ich konnte keinen Laborplatz bekommen. Ich hatte mich schon vor drei Monaten angemeldet.
2. (da) Heinz konnte sein Auto nicht starten. Er kam zu spät in die Vorlesung.
3. (seit) Wir gehen nicht mehr zu so vielen Partys. Unsere Noten haben sich verbessert.
4. (damit) Mein Zimmerkamerad ging heute in die Bibliothek. Niemand stört ihn dort.
5. (sobald) Ich bekomme einen Scheck. Ich gebe dir das geliehene Geld zurück.
6. (bevor) Du läßt die Vorlesung fallen? Sprich' doch mit dem Professor.
7. (als) Johns Freundin rief an. Er war bereits zur Uni gegangen.

B. Koordinierende Konjunktionen (*coordinating conjunctions*)
Hier ist eine Liste der wichtigsten koordinierenden Konjunktionen:

aber	but	sondern	but instead, but on the contrary
denn	because, for		
oder	or	und	and

Alle koordinierenden Konjunktionen können zwei Hauptsätze oder zwei Nebensätze miteinander verbinden. Koordinierende Konjunktionen ändern die normale Wortstellung nicht.

Übungen

II. Verbinden Sie die Sätze mit der in der Klammer angeführten Konjunktion.

   1. (und)   Fritz ist Student. Brenda ist Studentin.
   2. (denn)   Ingrid kann heute nicht kommen. Sie muß lernen.
   3. (oder)   Ich muß diese Prüfung ablegen. Ich bekomme ein F.
   4. (aber)   Sie wohnen noch in Freiburg. Im Juni ziehen sie nach Bonn.
   5. (sondern)   Inge studiert nicht Physik. Sie studiert jetzt Informatik.
   6. (entweder Er kauft einen Volkswagen. Er kauft
      . . . oder) vielleicht einen Opel.

III. Verbinden Sie die zwei Sätze mit
     a. einer subordinierenden Konjunktion
     b. einer koordinierenden Konjunktion

   z.B. Ich suche ein Zimmer.
          Ich finde keins.

     a. Obwohl ich ein Zimmer suche, finde ich keins.
     b. Ich suche ein Zimmer und finde keins.

Wählen Sie von den Konjunktionen
weil, denn, deshalb, und, da, obwohl, während, aber, obgleich, usw.

   1. Helmut nimmt Schlafmittel. Er kann oft nicht einschlafen.
   2. Studenten müssen in den Ferien arbeiten. Sie haben nicht viel Geld.
   3. Unsere Miete wurde wieder erhöht. Wir können sie nicht bezahlen.
   4. Ingrid arbeitet im Labor. Ich lerne in der Bibliothek.
   5. Ich habe kein Auto. Ich wohne weit von der Uni.

C. Fragewörter
  Fragewörter dienen auch oft als subordinierende Konjunktionen in indirekten Fragen.

   z.B. Ich weiß nicht, wann er abfährt.
          Ilse fragte den Studenten, wo er zuletzt studiert habe.

IV. Bilden Sie aus den folgenden Sätzen einen indirekten Fragesatz. Wählen Sie einen passenden Einleitungssatz (*introductory main clause*) und ein passendes Fragewort.

   z.B. Er hat sie heute getroffen.

      Ich wollte wissen, { wo / wann / mit wem / warum } er sie getroffen hat.

Andere Einleitungssätze:

   1. Er wollte erfahren, . . .
   2. Sie wollte wissen, . . .

    3. Sie erkundigte sich, . . .

    4. Er fragte, . . .

       a. Die Miete wird erhöht.

       b. Er hat mit der Professorin gesprochen.

       c. Die Studiengebühren sind hoch.

       d. John war lange krank.

       e. Heinz hat schlechte Noten bekommen.

       f. Birgit hat um ein Stipendium angesucht.

       g. Wir gehen heute zur Party.

Wortschatz

die **Ahnung, -en**	idea, notion
die **Anleihe, -n**	loan
die **Datenverarbeitung**	data processing
der **Diebstahl, ⸚e**	theft
die **Filmschauspielerin, -nen**	movie actress
das **Gesuch, -e**	request, application
die **Hose, -n**	pants
die **Kopfschmerzen** (pl.)	headache
die **Mauer, -n**	wall
die **Meinung, -en**	opinion
das **Schlafmittel, -**	sleeping pill
der **Strafzettel, -**	citation (traffic)
die **Studiengebühr, -en**	tuition
das **Tagebuch, ⸚er**	diary
die **Verwaltung**	administration
das **Verständnis**	understanding, appreciation
das **Vorurteil, -e**	prejudice
die **Wiedervereinigung**	re-unification
der **Zimmerkollege, -n**	roommate (m.)
die **Zimmerkollegin, -nen**	roommate (f.)
(sich) **ab·finden mit, a, u**	to come to terms
(sich) **an·melden**	to enroll, to register
(sich) **an·strengen**	to try hard
auf·nehmen, (i), a, o	to accept, to take out (a loan)
auf·suchen	to see, look up
auf·wachen	to wake up
aus·ziehen, o, o	to undress
belegen	to enroll
beraten, (ä), ie, a	to advise
beschuldigen	to accuse
sich beschweren	to complain

sich ein·schreiben, ie, ie	to enroll, register
erhöhen	to raise
sich erkundigen	to inquire
fluchen	to curse
sich fürchten	to be afraid
sich gewöhnen an	to get used to
gießen, o, o	to pour
heiraten	to marry
hinzu·fügen	to add
lärmen	to make noise
passen	to suit, to fit
schief·gehen, i, a	to go wrong
schwindeln	to lie, to cheat
tauschen	to exchange, change
übernehmen, (i), a, o	to take over
(sich) unterscheiden, ie, ie	to distinguish, differ
um·ziehen, o, o	to move
verbessern	to improve
ziehen nach, o, o	to move to
ähnlich	similar
derzeitig	at the present time
durcheinander	mixed up, pell-mell
hüben und drüben	here and there
ich kann ihn nicht leiden	I can't stand him
Pech haben	to have bad luck
Stellung nehmen	to react

KAPITEL 7

Feiertage: Was feiert man –und was gibt's zu essen?

Andere Länder, andere Sitten, so heißt ein deutsches Sprichwort. Wer andere Länder besucht hat, weiß, daß das Sprichwort stimmt. Besonders bei Feiertagen kann man große Unterschiede feststellen. Vergleichen wir einmal Feste in Deutschland, Österreich, der Schweiz und den Vereinigten Staaten! Wir sehen, daß man Ostern, Weihnachten oder Sylvester in diesen Ländern anders feiert, und daß es nicht in allen Ländern die gleichen Feiertage gibt. Zum Beispiel kennt man einen Unabhängigkeitstag, wie man ihn in Amerika am 4. Juli groß feiert, in Deutschland nicht. In der Schweiz ist der 1. August der Unabhängigkeitstag und in Österreich der 15. Mai. Auch feiert man in

So beginnt der Wiener Opernball.

deutschsprachigen Ländern kein Erntedankfest, wie es in Amerika üblich ist.* Und für die Kinder gibt es keinen Halloween. Dafür kennt man in Amerika kein eigentliches Pfingstfest, und Weihnachten und Ostern werden nur an einem Tag gefeiert. Warum gibt es diese Unterschiede? Sie haben meistens etwas mit der geschichtlichen und religiösen Entwicklung eines Landes zu tun.

Es ist besonders interessant, Gerichte zu vergleichen, die man an bestimmten Feiertagen kocht oder backt. Während die Amerikaner zu Weihnachten gerne Truthahn essen, essen viele Deutsche Gans. Beliebte amerikanische Gerichte wie süße Kartoffeln oder Mais findet man selten auf einem deutschen Tisch, und Rotkohl oder Rouladen sind kaum bekannte Gerichte bei Amerikanern. Als Nachtisch sind der beliebte Pecan- oder Pumpkinpie in Deutschland fast unbekannt. In Amerika ißt man dagegen selten Buttercremetorte oder Schwarzwälderkirschtorte. Die Liste von Gerichten, die man an bestimmten Feiertagen in den verschiedenen Ländern ißt, ist natürlich endlos.

Hier sind einige Feiertage in deutschsprachigen Ländern:

Sylvester	= 31. Dezember	= New Year's Eve	Geschäfte und Büros schließen schon am frühen Nachmittag
Neujahr	= 1. Januar	= New Year's Day	gesetzlicher Feiertag
Karneval, Fastnacht, Fasching	= im Februar (vor Aschermittwoch, 42 Tage vor Ostern)	= similar to Mardi gras	wird Sonntag, Montag und Dienstag gefeiert, ist aber kein gesetzlicher Feiertag. Montag wird in den Karnevalszentren als Feiertag betrachtet.
Ostern	= im März oder April, Sonntag und Montag	= Easter	gesetzlicher Feiertag
Tag der Arbeit	= 1. Mai	= Labor Day	auf dem Land wird der Maibaum aufgestellt; in der Stadt betont man die Solidarität der Arbeiter durch Umzüge, Ansprachen, usw.

*In manchen ländlichen Gegenden wird allerdings das Ende der Ernte besonders unter den Bauern gefeiert.

Pfingsten	= im Juni, sechs Wochen nach Ostern, auch Sonntag und Montag	= Pentecost	heute oft Feiertag für Familientreffen, gemeinsame Wanderungen, usw.
Totensonntag	= im November, letzter Sonntag vor Advent	= similar to Memorial Day	vor allem in protestantischen Gegenden
Allerheiligen/ Allerseelen	= 1. und 2. November	= All Saints Day All Souls Day	Allerheiligen ist nur in den Ländern ein gesetzlicher Feiertag, wo es viele Katholiken gibt, z.B. in Österreich, Bayern, dem Saarland. Allerseelen ist kein gesetzlicher Feiertag.
Nikolaustag	= 6. Dezember	= St. Nick's Day	Kinder bekommen Süßigkeiten
Heiliger Abend	= 24. Dezember	= Christmas Eve	Viele Familien haben an diesem Abend ihre Bescherung. (Verteilung der Geschenke)
Weihnachten	= 25. und 26. Dezember	= Christmas	gesetzlicher Feiertag

Was sagt oder wünscht man sich nun an bestimmten Feiertagen?

zu Weihnachten
- Fröhliche Weihnachten!
- Frohe Weihnachten!
- ein schönes Weihnachtsfest
- Schöne Feiertage!
- ein frohes Fest
- ein gesegnetes Weihnachtsfest

zum Neuen Jahr
- Alles Gute zum Neuen Jahr!
- Viel Glück im Neuen Jahr!
- ein glückliches Neues Jahr
- Prosit Neujahr!

zu Ostern — Frohe Ostern!
zu Pfingsten — Frohe Pfingsten!
zum Geburtstag — Alles Gute zum Geburtstag!
Herzlichen Glückwunsch zum Geburtstag!

O Tannenbaum,
o Tannenbaum...

FROHE WEIHNACHTEN
UND VIEL GLÜCK IM NEUEN JAHR

Activities

I.   *Fragen Sie einen Studenten oder eine Studentin*

Wann
- er/sie Geburtstag hat?
- man in Amerika den Tag der Arbeit feiert?
- man den Unabhängigkeitstag begeht?
- Fasching/Ostern/Weihnachten ist?
- man in Deutschland den Nikolaustag feiert?

Welchen
Feiertag   man am 25. Dezember feiert?

Ob
- man in Deutschland, in Österreich und in der Schweiz einen Unabhängigkeitstag kennt?
- man in Amerika einen Nikolaustag feiert?

Wie
- man in Amerika Weihnachten, Sylvester, das Erntedankfest, den Unabhängigkeitstag begeht?

II. *Beschreiben Sie in vier oder fünf Sätzen*

   1.   Was Ihr Lieblingsfeiertag ist.
   2.   Wie Sie diesen Feiertag gewöhnlich verbringen.

   III. *Was sagt man an diesen Feiertagen.* Weihnachten/ Ostern/ Pfingsten/ Neujahr/ Geburtstag

   IV. *Stellen Sie ein Menü zusammen.* Beschreiben Sie, was man bei Ihnen zu Weihnachten/Ostern/zum Erntedankfest/usw. ißt: (Siehe Liste)

      a. zum Frühstück

      b. zum Mittagessen

      c. zum Abendessen

      d. als Imbiß (snack)

         zur Jause*

   V. Unterhalten Sie sich mit einem anderen Studenten oder einer Studentin über die Restaurants in Ihrer Stadt. Vergleichen Sie dabei die Qualität der Gerichte, Quantität der Portionen, Preise, Bedienung, Atmostphäre, usw.

Vokabular für Essen und Trinken

Getränke

die **Milch**	milk
der **Saft**	juice
der **Tee**	tea
der **Kaffee**	coffee
das **Bier**	beer
der **Wein**	wine
der **Sekt**	champagne

Fleisch

das **Hackfleisch**	ground beef
das **Rindfleisch**	beef
das **Schweinefleisch**	pork
das **Kalbfleisch**	veal
der **Braten**	roast
das **Steak**	steak
das **Schnitzel**	veal cutlet
das **Huhn**	chicken
die **Gans**	goose
die **Ente**	duck
der **Truthahn**	turkey
der **Fisch**	fish
das **Wild**	game
die **Roulade**	stuffed meatroll

Gemüse

der **Spinat**	spinach
die **Karotte, -n**	carrots
die **Bohne, -n**	beans
die **Berbse, -n**	peas
der **Spargel**	asparagus
der **Blumenkohl**	cauliflower
der **Rotkohl** (Blaukraut)*	red cabbage
die **Tomate, -n**	tomatoes
die **Kartoffel, -n**	potatoes

Obst

die **Banane, -n**	banana
die **Birne, -n**	pear
die **Kirsche, -n**	cherry
die **Traube, -n**	grape
der **Apfel, ∸**	apple
die **Orange, -n** (die Apfelsine)	orange
die **Zitrone, -n**	lemon
die **Melone, -n**	melon
der **Pfirsich, -e**	peach

*sagt man in Österreich

Gemüse

der **K. -brei**	*mashed pot.*
Pommes frites	*French fries*
die **Gurke, -n**	*cucumber*
das **Gürkchen, -**	*pickles*

Obst

die **Ananas**	*pineapple*
die **Pflaume, -n**	*plum*

Backwaren/Mehlspeisen

das **Brot, -e**	*bread*
das **Brötchen, -**	*roll (North Germ.)*
die **Semmel, -n**	*roll (South Germ.)*
der **Toast**	*toast*
der **Kuchen, -**	*cake*
die **Torte, -n**	*torte*
der **Käsekuchen**	*cheesecake*
der **Apfelkuchen**	*apple cake*
der **Streuselkuchen**	*streusel cake*
die **Obsttorte**	*fruit torte*
die **Buttercremetorte**	*butter-cream cake*

Fürs Brot

die **Butter**	*butter*
die **Margarine**	*margarine*
die **Marmelade**	*marmelade*
die **Mayonnaise**	*mayonnaise*
der **Honig**	*honey*
der **Käse**	*cheese*
die **Wurst**	*sausage*
der **Aufschnitt**	*cold cuts*

Deutsches Brot schmeckt gut.

Nachtisch

das **Eis**	*ice cream*
der **Pudding**	*pudding*
das **Obst**	*fruit*
das **Kompott**	*stewed fruit*

VI. *Was bedeuten diese Redensarten?*

1. Man ist, was man ißt.
2. Viele Köche verderben den Brei.
3. Liebe geht durch den Magen.
4. Salz und Brot machen die Wangen rot.
5. Hunger ist der beste Koch.
6. Was der Bauer nicht kennt, ißt er nicht.
7. Der Apfel fällt nicht weit vom Stamm.
8. Versprochene Beeren füllen die Körbe nicht.
9. Wer satt ist, lobt das Fasten.
10. Selbstessen macht fett.

Wählen Sie drei Sprichwörter und erklären Sie, warum Sie damit übereinstimmen oder nicht.

z.B. Liebe geht durch den Magen.
Ich finde nicht, daß Liebe durch den Magen geht, denn andere Dinge sind wichtiger als das Essen. Z.B. ist es wichtiger, daß man einander vertraut, die gleichen Interessen hat oder höflich zueinander ist.

VII. Jetzt möchten wir sehen, ob Sie wirklich die Wörter für Eßwaren gelernt haben. Einer von Ihnen sagt: „In einer Bäckerei kauft man Brot." Der nächste wiederholt den Satz und setzt ein Wort dazu, usw. Alle müssen *alle* Wörter wiederholen, die man vorher gesagt hat. Also:
a. Auf dem Markt kauft man . . .
b. Im Milchgeschäft kauft man . . .
c. In einem Lebensmittelgeschäft kauft man . . .
d. In einer Metzgerei kauft man . . .
e. In einem Supermarkt kauft man . . .

Sprichwort des Tages:

. . . und wir üben unsere Aussprache -ä-

Was lange währt, wird gut.
Jedes Häslein findet sein Gräslein.
Jeder Krämer lobt seine Ware.

Zungenbrecher:

Hätte Hänschen Holz hacken hören, hätte Hänschen Holz hacken helfen.

Grammar Reminders

Ordnungszahlen*

Sie erinnern sich wahrscheinlich daran, daß Kardinalzahlen (cardinal numbers) beim Zählen verwendet werden (eins, zwei, drei, usw.).

z.B.   Familie Sauer hat *drei* Autos.

Ordnungszahlen hingegen (erst-, zweit-, dritt-, usw.) zeigen den Rank innerhalb einer Serie. Ordnungszahlen werden gebildet, indem man ein -t (1–19) und -st (20 usw.) an die Kardinalzahl anfügt.

z.B.   Helga wohnt im *sechsten* Stock.
Fritz hat am *sechsundzwanzigsten* März Geburtstag

Übungen

Ergänzen Sie mit der richtigen Ordnungszahl. Schreiben Sie die Zahl aus.

1. Lincoln ist am _____ Februar geboren.

2. Der _____ Dezember ist der letzte Tag des Jahres.

3. Weihnachten ist am _____ Dezember.

4. In Amerika feiert man am _____ Juli den Unabhängigkeitstag.

5. Am _____ Januar ist Neujahr.

6. Der Mai ist der _____ Monat des Jahres.

7. Ich habe am _____ Geburtstag.

8. In Deutschland feiert man den Tag der Arbeit am _____ Mai.

9. Heute ist der _____.

10. Fünfundzwanzig ist der _____ Teil von Hundert.

11. Sylvester feiert man am _____ Dezember.

12. Der Heilige Abend ist am _____ Dezember.

13. Der Unabhängigkeitstag der Schweiz ist am _____ August.

14. In Österreich feiert die Zweite Republik am _____ Mai den Unabhängigkeitstag.

*Ordinal numbers

Wortschatz*

die **Ansprache, -n**	*address, talk*
die **Bedienung, -en**	*service (in a store, restaurant)*
die **Bescherung, -en**	*giving of (Christmas) presents*
die **Entwicklung, -en**	*development*
das **Fest, -e**	*festivity, celebration*
das **Familientreffen, -**	*family reunion*
der **Feiertag, -e**	*holiday*
die **Gegend, -en**	*area, region*
die **Metzgerei, -en**	*butcher's shop*
der **Nachtisch, -e**	*dessert*
der **Umzug, ⸚e**	*here: parade*
der **Unterschied, -e**	*difference*
die **Verteilung**	*here: giving of presents*
auf·stellen	*to set up*
begehen, i, a (Fest)	*to commemorate*
betonen	*to emphasize*
betrachten	*to consider*
feiern	*to celebrate*
fest·stellen	*to determine*
überein·stimmen	*to agree*
vergleichen, i, i	*to compare*
vertrauen	*to trust*
endlos	*endless*
gemeinsam	*together*
geschichtlich	*historical*
gesegnet	*blessed*
gesetzlich	*by law*
religiös	*religious*
vorher	*before, previously*
in dem Maße wie	*to the degree that*
es ist üblich	*it is customary*
vor allem	*above all*

*Alle Vokabeln, die auf Seite 75–77 angeführt sind, werden hier nicht wiederholt.

KAPITEL 8

Wer nichts wagt, gewinnt nichts

Karin: Siehst du dir schon wieder eine Quizshow an?

Elke: Ja, es gibt zwei Programme, die ich nie verpassen möchte. Meine Kusine hat in so einem Programm vor kurzem ein neues Auto gewonnen.

Karin: Du spielst wohl wöchentlich Lotterie, was?

Elke: Ja, regelmäßig, jede Woche. Hast du denn noch nie an einem Preisausschreiben teilgenommen? Bei der Reklame!

Karin: Doch, zwei- oder dreimal, aber ich hatte nie Glück.

Elke: Ich habe zwei Bekannte, die versuchen sogar beim Pferderennen ihr Glück.

Karin: Mich ärgert's immer, wenn sie in den Sportnachrichten bekanntmachen, wieviel dieses oder jenes Pferd gewonnen hat.

Elke: Hast du neulich auch gelesen, daß eine arme Putzfrau in New York den Haupttreffer gemacht hat?

Karin: Wieviel hat sie denn bekommen?

Elke: Eine Million Dollar. Jetzt kann sie ein sorgenloses Leben führen. Na, ich gönn's ihr.

Karin: Das war doch nur eine Ausnahme. Aber glaub' doch nicht, daß man durchs Spielen reich wird.

Elke: Du, das kann man nie wissen. Vielleicht mach' ich mal einen Haupttreffer.

Karin: Gib dein Geld lieber für etwas Besseres aus! Ich finde, man sollte überhaupt keine Lotterienummern in Geschäften verkaufen.

Elke: Warum denn nicht?

Karin: Zu viele Leute, die schon arm genug sind, geben noch ihre letzten Pfennige dafür aus.

Elke: Komm schon, ärgere dich nicht. Wer nichts wagt, gewinnt nichts. Hier, ich schenke dir mein Los für diese Woche.

Karin: Was soll ich denn damit?

Elke: Schau nächste Woche nach, ob du was gewonnen hast.

Karin: Und wenn ich was gewonnen hab', was dann?

Elke: Na, dann mußt du es mit mir teilen.

Karin: Ja, schön wär's. Ich wüßte auch, was ich mit einer Million anfangen könnte. Also bis morgen.

Elke: Tschüß.

Activities

I. *Nehmen Sie zu folgenden Situationen Stellung.* Was würden Sie tun? Was würden Sie sagen? Was würden Sie denken?

Was würden Sie tun?

Was würden Sie sagen?

1. Ein Bekannter hat Ihnen Herrn Neureich auf einer Party vorgestellt. Er hat vor ein paar Tagen 500.000 Dollar in der Lotterie gewonnen.

2. Sie haben eine Million Dollar gewonnen. Jeden Tag erhalten Sie von Menschen in der ganzen Welt Bittbriefe. Man will 50, 100, sogar 1.000 Dollar von Ihnen.

3. Sie sind mit einem Freund in einem Lebensmittelgeschäft. Eine Frau bezahlt für ihre Lebensmittel mit „Foodstamps" und bekommt 1.50 Dollar Bargeld zurück. Dafür kauft sie ein Los in der Lotterie.

Vielleicht gewinn' ich doch?

Was würden Sie
denken?

4. Sie haben einem Freund ein Los geschenkt. Dieses Los gewinnt 5.000 Dollar. Ihr Freund sagt es Ihnen, als Sie aus dem Urlaub zurückkommen. Er lädt Sie zum Essen in ein teures Restaurant ein. Das ist alles.

Welche Fragen
würden Sie
stellen?

5. Sie sind mit Ihrer Freundin in Deutschland. Dort spielt sie wöchentlich Toto.* Am Freitag sollten Sie für Ihre Freundin den Totoschein im Geschäft abgeben. Als Sie sich am Sonntagabend gemeinsam die Sportnachrichten im Fernsehen ansehen, stellt Ihre Freundin fest, daß sie die Ergebnisse aller Fußballspiele richtig erraten hat. Da erinnern Sie sich, daß Sie vergessen haben, den Schein abzugeben . . .

II. *Diskutieren Sie über die folgenden Fragen mit Studenten in Ihrer Klasse.*

1. Warum spielen so viele Leute Toto oder Lotterie?

2. Was halten Sie von den vielen Quizshows im Fernsehen, wo man Preise oder viel Geld gewinnen kann?

3. Sehen Sie sich solche Shows an? Warum? Warum nicht?

4. Was machen Sie, wenn Ihnen eine Firma ein Preisausschreiben oder ein Los schickt? Schicken Sie z.B. das Los ein? Werfen Sie es in den Papierkorb? Verschenken Sie es?

5. Was würden Sie machen, wenn Sie wirklich eine Million gewinnen würden? Denken Sie sich etwas aus! Fantasieren Sie ruhig!

III. *Die folgenden Wörter kommen in diesem Kapitel vor.*

1. Bilden Sie einen Satz oder eine Frage mit jedem Wort.

2. Finden Sie passende Antonyme zu jedem Wort und bilden Sie damit einen Satz oder eine Frage.**

z.B. <u>gewinnen</u>
  a. Hast du schon einmal in der Lotterie gewonnen?
  b. Nein, aber ich habe schon oft verloren.

  <u>nie</u>
  a. Spielst du nie Toto?
  b. Doch, ich spiele immer.

regelmäßig	zugeben, (i), a, e
sich ärgern	die Ausnahme
ausgeben, (i), a, e	der Urlaub
anfangen, (ä), i, a	der Freund
morgen	vor kurzem
kaufen	richtig
sich erinnern an	

*Beim Toto muß man die Ergebnisse von Fußballspielen erraten (Sieg, Niederlage, unentschieden).
**See key on p. 148.

IV. *Können Sie es noch anders sagen?*
Finden Sie <u>synonyme</u> Ausdrucksweisen für den unterstrichenen Teil des Satzes. Bilden Sie vollständige Sätze. Manchmal müssen Sie vielleicht den Satz umschreiben.

    z.B. Er hat mir ein Los <u>geschenkt</u>.
           Er hat mir ein Los gegeben.
           Er hat mir ein Los überlassen.
           Ich habe von ihm ein Los bekommen.

    1. Er <u>sieht sich</u> schon wieder eine Quizshow <u>an</u>.
    2. Ich habe noch nie an einem Preisausschreiben <u>teilgenommen</u>.
    3. Wir <u>versuchen</u> unser Glück.
    4. Seine Pferde haben ihm <u>viel Glück gebracht</u>.
    5. Inge <u>machte einen Haupttreffer</u>.
    6. Wir <u>führten</u> viel Korrespondenz.
    7. Was soll ich damit <u>anfangen</u>?
    8. Hat jemand etwas für mich <u>abgegeben</u>?
    9. Wir sehen uns das Programm <u>gemeinsam</u> an.

V.
Was kann man
    1. mit einer Person
    2. mit einer Sache } *tun?*
    3. an einem Ort

    z.B. <u>ein Fernsehprogramm</u>

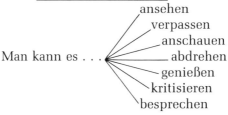

Man kann es . . . ansehen / verpassen / anschauen / abdrehen / genießen / kritisieren / besprechen

Was kann man
    a. mit Bekannten . . .
    b. mit einem Los . . .
    c. mit Bittbriefen . . .
    d. mit einem Haupttreffer . . . } *tun?*
    e. mit Pferden . . .
    f. in Geschäften . . .
    g. mit einer Million Dollar . .

VI. *Wie definieren Sie . . . ? Was ist . . . ? Was sind . . . ?*
Erklären Sie kurz die folgenden Ausdrücke. (1–3 Sätze)

    z.B. <u>ein Bekannter</u>
           Ein Bekannter ist eine Person, die man ziemlich gut kennt.

           meine Kusine
           eine Putzfrau

der Haupttreffer
ein Bittbrief
eine Party
Bargeld
ein Urlaub
eine Quizshow
ein Pferderennen
Lebensmittel

Sprichwort des Tages:

. . . und wir
üben unsere
Aussprache.
-ch- (velar)

Vorgetan und nachgedacht hat oft schon großes Leid gebracht.
Kein Rauch ohne Feuer.
Rache trägt keine Frucht.
Ein frohes Lachen macht auch den Nachbar froh.

Zungenbrecher:

Als sich der Rächer auf das Dach schlich, kroch ich ins Loch.

Grammar Reminders

Der Konjunktiv*

1. Der Konjunktiv wird hauptsächlich in drei Situationen gebraucht: a) in Bedingungssätzen (Konditionalsätzen), b) in Wunschsätzen und c) in besonders höflichen Fragen.
2. Es gibt nur eine Form für das Präsens und eine für die Vergangenheit.

    z.B. a) Wenn ich Geld *hätte, würde* ich nach Europa fahren.
    Wenn ich Geld *gehabt hätte, wäre* ich nach Europa *gefahren.*
    b) Wenn du nur mehr Zeit für mich *hättest!*
    Wenn du nur mehr Zeit für mich *gehabt hättest!*
    c) *Könnten* Sie mir sagen, wo der Bahnhof ist?

3. Der Konjunktiv hat die Endungen:

    1. P. Sg. **e**   1. P. Pl. **en**
    2. P. Sg. **est**   2. P. Pl. **et**
    3. P. Sg. **e**   3. P. Pl. **en**

    Er wird vom Imperfekt (*past*) abgeleitet. Bei <u>schwachen</u> Verben haben der Konjunktiv und der Indikativ im Imperfekt die gleiche Form.

*General subjunctive

z.B.	**Präsens**	**Indik./Imperf.**	**Konjunktiv**
	er sagt	er sagte	er sagte
	sie glaubt	sie glaubte	sie glaubte

Die <u>starken</u> Verben mit den Vokalen **a, o, u** haben meistens den Umlaut.

z.B.	**Präsens**	**Indik./Imperf.**	**Konjunktiv**
	er gibt	er gab	er gäbe
	sie verliert	sie verlor	sie verlöre
	sie weiß	sie wußte	sie wüßte
	er hat	er hatte	er hätte
	sie ist	sie war	sie wäre

4. Der Konjunktiv wird in der Umgangssprache oft mit <u>würde</u> + <u>Infinitiv</u> ausgedrückt. Dies geschieht meistens dann, wenn die Konjunktivform und das Imperfekt nicht leicht zu unterscheiden sind.

    z.B. Wenn ich reich wäre, <u>lebte</u> ich in der Schweiz.
    Wenn ich reich wäre, <u>würde</u> ich in der Schweiz <u>leben</u>.

5. Die im Konjunktiv oft gebrauchte „wenn-Konstruktion" ist nicht unbedingt notwendig. Wird das <u>wenn</u> nicht benutzt, dann ändert sich natürlich die Wortstellung.

    z.B. <u>Wenn</u> Helga nach Frankfurt gefahren wäre, hätte sie mich besucht.

    Wäre Helga nach Frankfurt gefahren, hätte sie mich besucht.

Übungen

I. Schreiben Sie die folgenden Sätze im Konjunktiv:

    z.B. Ich habe diesen Sommer viel Zeit.
    Ich fahre nach Europa. (mit <u>wenn</u>)
    Wenn ich diesen Sommer viel Zeit hätte, führe ich nach Europa.

    1. Karin kommt morgen. (mit <u>wenn</u> und <u>nur</u>)
    2. Helfen Sie mir bitte! (mit <u>können</u>)
    3. Hans gibt Geld für sein Studium aus. (mit <u>würde</u>) Er hat eine gute Sommerarbeit.
    4. Jürgen hat im Pferderennen viel Geld gewonnen. Er kauft sich bestimmt ein Haus. (ohne <u>wenn</u>)
    5. Wir haben an dem Preisausschreiben teilgenommen. Du hast es uns geschickt. (mit <u>wenn</u>)

6. Er war froh. Er hat dich getroffen. (mit <u>wenn</u>)
7. Wir haben den Termin nicht verpaßt. (mit <u>wenn</u>) Wir können den Totoschein noch einschicken.
8. Ich gewinne eine Million Dollar. (mit <u>wenn</u> und <u>würde</u>) Ich weiß, was ich damit anfangen kann.

II. Sagen oder schreiben Sie auf deutsch!

1. I wouldn't do that.
2. If I had your luck, I would buy a lottery ticket every week.
3. If she had won the money, she could live without worry.
4. If we had more money, we would spend more.
5. If they would just admit their mistakes!
6. Would you please introduce me to your cousin.
7. Had we lost the game, we would have been very angry.
8. If I were rich, I would share my money with you.

III. Ergänzen Sie die Sätze!

1. Wenn das Wetter wärmer wäre, . . .
2. Wenn ich deine Adresse wüßte, . . .
3. Hätte mein Los gewonnen, . . .
4. Wenn du mich zum Essen eingeladen hättest, . . .
5. Wäre ich Präsident, . . .
6. Hätte ich meinen Paß verloren, . . .
7. Wenn die Fernsehsendung besser gewesen wäre, . . .
8. Wenn wir klüger wären, . . .
9. Würdest du fleißiger arbeiten, . . .
10. Wenn du mehr Lotterie spieltest, . . .

Wortschatz

die **Ausnahme -n**	*exception*
das **Bargeld**	*cash*
der **Bittbrief, -e**	*request letter for money*
das **Ergebnis, -se**	*result*
der **Haupttreffer, -**	*jackpot*
die **Kusine, -n**	*cousin (female)*
das **Los, -e**	*lottery ticket*
die **Niederlage, -n**	*defeat*
der **Papierkorb, ⁼e**	*wastepaper basket*
das **Pferd, -e**	*horse*
das **Pferderennen, -**	*horse racing*
das **Preisausschreiben, -**	*prize-competition*
die **Putzfrau, -en**	*cleaning woman*
der **Sieg, -e**	*victory*

das **Spielen**	*playing for money, gambling*
der **Totoschein, -e**	*chance ticket in soccer*
der **Urlaub**	*vacation*
ab·geben, (i), a, e	here: *to turn in*
aus·geben, (i), a, e	*to spend*
bekannt·machen	*to get acquainted*
erraten, (ä), ie, a	
fest·stellen	*to determine*
gewinnen, a, o	*to win*
gönnen	*not to begrudge*
überlassen, (ä), ie, a	*to leave to*
unterstreichen, i, i	*to underline*
verpassen	*to miss*
verschenken	*to give away*
wagen	*to venture, to dare*
werfen, (i), a, o	*to throw*
zu·geben, (i), a, e	*to admit*
arm	*poor*
neulich	*recently*
regelmäßig	*regularly*
reich	*rich*
sorgenlos	*without worry*
überhaupt	*actually*
unentschieden	*draw (sports)*
vor kurzem	*recently*
wöchentlich	*weekly*

KAPITEL 9

Kopf-, Hals- und andere Schmerzen*

David und Eric sind zwei Studenten, die zusammen in der Nähe der Universität wohnen. Heute hatten sie vor, zu einem Turnwettkampf zu gehen. Gerade kommt Eric nach Haus, um David abzuholen.

Eric: Wenn du mitgehen willst, mußt du dich beeilen.
David: Vielleicht sollte ich lieber zu Hause bleiben.
Eric: Warum? Fühlst du dich nicht wohl?
David: Ich glaube, ich habe mich erkältet.
Eric: Tut dir was weh?
David: Ja, ich habe Hals- und Ohrenschmerzen.
Eric: Hast du auch Fieber?
David: Ich glaube ja.
Eric: Dann geh' lieber gleich zum Arzt!
David: Nein, das kostet zu viel. Ich nehme erst mal Aspirin und ruh' mich aus.
Eric: Ob das wohl helfen wird? Tschüß, ich geh' jetzt.

Nach zwei Stunden kommt Eric nach Haus. David liegt auf dem Sofa.

Eric: Du siehst aber blaß aus.
David: Mir ist ganz schwindlig, und mein Fieber ist auch gestiegen.
Eric: Soll ich deinen Arzt anrufen?
David: Ja, bitte.

Eric ruft den Arzt an. Dann spricht er wieder mit David.

Eric: Du hast Pech. Dein Arzt hat Samstag keine Sprechstunde.
David: Was mach' ich jetzt?
Eric: Die Sprechstundenhilfe sagte mir, du solltest zu Dr. Frank fahren. Er ist Hals-, Ohren- und Nasenspezialist.

*Alle Wörter, die zum „Krankheitsvokabular" gehören, sind auf der Liste auf Seite 90–91 angegeben.

David: Hat er denn Notdienst?*

Eric: Ich nehm's an. Komm, fahren wir!

Auf der Heimfahrt.

Eric: Was hat der Arzt gesagt?

David: Ich habe eine schlimme Mandelentzündung, und die Ohren sind auch angegriffen.

Eric: Bist du wenigstens gründlich untersucht worden?

David: Ich glaub' schon. Dr. Frank hat mir Penizillintabletten verschrieben.

Eric: Hast du keine Spritze bekommen?

David: Nein, so schlimm ist es auch wieder nicht.

Eric: Dann solltest du morgen aber nicht zur Uni.

David: Nein, ich soll zwei Tage zu Haus bleiben und mich gut ausruhen.

Eric: Hoffentlich hast du mich nicht angesteckt. Ich glaub', mein Hals tut auch weh!

David: Halte bitte an der nächsten Apotheke. Ich muß doch meine Medikamente holen.

Eric: O.K.

Krankheitsvokabular

sich an.stecken	to catch an illness
bewußtlos werden	to become unconscious, faint
geimpft werden	to get immunized
sich untersuchen lassen	to have a physical examination
sich verletzen	to hurt oneself
einen Arm oder ein Bein brechen	to break an arm or a leg
den Blutdruck messen	to take the blood-pressure
eine Blutprobe machen	to take a blood test
einen Gipsverband anlegen	to put in a cast
einen Herzanfall haben	to have a heart attack
eine Krankheit verhüten	to prevent an illness
einen Krankenwagen kommen lassen	to call for an ambulance
sich einer Operation unterziehen	to undergo an operation
Pillen schlucken	to take (swallow) pills
den Puls fühlen	to feel the pulse
Wiederbelebungsversuche machen	to use CPR (Cardiac Pulmonary Resuscitation)

*Many German and Austrian cities maintain a medical emergency service at night, on weekends, and on holidays. Participating physicians take turns to perform this service at their office or at home.

Krankheiten	*illnesses*
die **Blinddarmentzündung**	*appendicitis*
die **Diphtherie**	*diphtheria*
die **Erkältung**	*cold*
das **Fieber**	*fever*
die **Geschlechtskrankheit**	*venereal disease*
die **Grippe**	*flu*
der **Husten**	*cough*
der **Keuchhusten**	*whooping cough*
der **Krebs**	*cancer*
die **Lungenentzündung**	*pneumonia*
die **Masern**	*measles*
der **Mumps (Ziegenpeter)**	*mumps*
die **Pocken**	*small pox*
die **Bauch-, (Magen-), Kopf-, Hals-, Ohren-, Rücken-, Herzschmerzen**	*stomach-, head-, throat-, ear-, back-, heart-, aches or pains*
der **Herzschrittmacher**	*cardiac pacemaker*
die **Organverpflanzung**	*organ transplant*

Fachärzte	*Specialists*
der **Augen-**	*eye doctor, ophthalmologist*
Haut-	*dermatologist*
Nerven- } **arzt, ⸚e**	*neurologist*
Kinder-	*pediatrician*
Frauen-	*gynecologist*
der **Chirurg, -en**	*surgeon*
der **Internist, -en**	*internist*
der **Optiker, -**	*optician*
der **Röntgenologe, -n**	*radiologist*
die **Hebamme, -n**	*midwife*
die **Krankenschwester, -n**	*nurse*
die **Sprechstundenhilfe, -n**	*(doctor's) receptionist, assistant*

Activities

I. *Beantworten Sie diese Fragen.*

  1. Wie fühlen Sie sich, wenn Sie die Grippe haben? Was tut Ihnen weh?
  2. Bei welchen Krankheiten muß man ins Krankenhaus?
  3. Wann braucht man einen Gipsverband?
  4. Gegen welche Krankheiten werden kleine Kinder geimpft?
  5. Was sollte man machen, wenn man sich stark erkältet hat?
  6. Für welche Krankheit ist bis jetzt noch kein Heilmittel gefunden worden?

7. Was soll eine Hauptursache von Lungenkrebs sein?
8. Beschreiben Sie eine Krankheit, die sie kürzlich hatten.
9. Wann würden Sie den Notdienst aufsuchen?
10. Würden Sie sich einen (Herz) Schrittmacher einsetzen lassen? Warum? Warum nicht?

II. *Führen Sie ein Gespräch mit einem Studenten oder einer Studentin. Besprechen Sie Themen wie:*

1. Der Gesundheitsdienst (*Health Service*) an Ihrer Universität— sind Sie damit zufrieden oder nicht? Begründen Sie Ihre Antwort.
2. Fortschritte, die in den letzten hundert Jahren in der Medizin gemacht wurden.
3. Vor- und Nachteile der Organverpflanzung.
4. Warum ist die Behandlung in Krankenhäusern so teuer? Was kann dagegen gemacht werden?
5. Warum gibt es heute so viele Fachärzte?
6. Wie bleibt man gesund? Was muß man machen? Was muß man vermeiden?

III. Stellen Sie sich vor, Sie sind Arzt (Ärztin) oder Krankenschwester. Sie erzählen am Abend Ihrem Mann oder Ihrer Frau, was sich heute im Krankenhaus, in der Sprechstunde oder in der Ordination* ereignet hat.

IV. Bereiten Sie ein Gespräch zwischen einem Arzt und einem Patienten vor. Lassen Sie Ihrer Fantasie freien Lauf. Benutzen Sie die „Kleine Phraseologie" für Kranke und Gesunde.

Beim Arzt: „Kleine Phraseologie" für Kranke und Gesunde

Der Arzt fragt:	Der Arzt sagt:
Tut das weh?	Atmen Sie tief!
Wo tut's weh?	Atmen Sie nicht!
Haben Sie Beschwerden beim Atmen, Gehen, Laufen, usw.?	Sagen Sie „aaah"!
	Beugen Sie sich vor!
Werden Sie oft schwindlig?	Stehen Sie auf!
Wie weit können Sie die Hand (den Fuß usw.) bewegen?	Legen Sie sich hin!
	Entspannen Sie sich!
Wann haben Sie das zum ersten Mal gespürt?	Beschreiben Sie den Schmerz!
Sind Sie allergisch gegen Penizillin (Kodein, usw.)?	Halten Sie still!
	Machen Sie Ihren Oberkörper frei!
Wie oft messen Sie Ihren Blutdruck?	Ziehen Sie sich wieder an!
Nehmen Sie die Tabletten wie vorgeschrieben?	Versuchen Sie, etwas abzunehmen!

*Austrian for doctor's office.

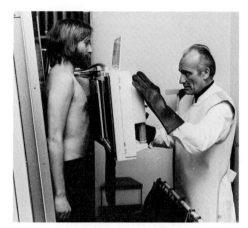

Jetzt bitte nicht atmen.

Der Arzt fragt: _____   **Der Arzt sagt:** _____

Bekommen Sie genug Schlaf?   Gehen Sie mehr spazieren!
Halten Sie Diät?   Was noch?
Treiben Sie Sport?
Machen Sie genug Bewegung?
Schlafen Sie leicht ein?
Was noch?

V. *Wortschatzübung*
Ergänzen Sie diese Sätze mit dem passenden Wort von der Liste.

1. Kleine Kinder werden oft gegen Masern _____.

2. Hans ist jetzt auch krank. Sein Freund, der die Grippe hat, hat ihn _____.

3. Herzkranke müssen sich regelmäßig den _____ messen lassen.

4. Ich hatte mir beim Schilaufen das linke Bein _____. Jetzt trage ich einen schweren _____.

5. Eine gute Diät _____ oft Krankheiten.

6. Karin hatte so schlimme Halsschmerzen, daß der Arzt ihr eine Penizillin _____ gab.

7. Man sollte sich einmal im Jahr _____ lassen.

8. Die Filmschauspielerin hatte drei Tage nichts gegessen. Kein Wunder, daß sie _____ wurde.

9. Trotz der _____ konnte der kleine Junge, der ins Schwimmbad gefallen war, nicht mehr gerettet werden.

10.   Gegen eine _____ sind Bettruhe, viel Trinken und Aspirin doch noch das Beste.

Erkältung, impfen, Wiederbelebungsversuche, Spritze, verhüten, bewußtlos, anstecken, Blutdruck, untersuchen, brechen, Gipsverband

---

Sprichwort des Tages:

. . . und jetzt
üben wir unsere
Aussprache.
     -g-

Viel Wenig machen ein Viel.
Frisch gewagt, ist halb gewonnen.
Einem geschenkten Gaul schaut man nicht ins Maul.

Zungenbrecher:

Grobes Garn gibt grobes Tuch.

Grammar Reminders

Das Passiv*

Im Passiv wird das <u>Akkusativobjekt</u> eines aktiven Satzes zum <u>Subjekt</u> des passiven Satzes. Anstelle des konjugierten Verbs des aktiven Satzes tritt das Hilfsverb <u>werden</u>. Das Verb selbst steht als Partizip am Ende des Satzes.

   z.B.   Der Arzt impft das Kind.
          Das Kind wird vom Arzt geimpft.

Man gebraucht die Präposition <u>durch</u> + Akkusativ, wenn der handelnde Teil unpersönlich ist. Sonst wird <u>von</u> + Dativ verwendet.

   z.B.   Der Kranke wurde durch Penizillin schnell geheilt.
          Der Kranke wurde von einem guten Arzt schnell geheilt.

Das Passiv kann in allen Zeiten ausgedrückt werden.

   Präsens—Karin wird von Inge angesteckt.
   Imperfekt—Karin wurde von Inge angesteckt.
   Perfekt—Karin ist von Inge angesteckt worden.
   Futur—Karin wird von Inge angesteckt werden.

Das Passiv wird meistens dann gebraucht, wenn betont werden soll, daß an dem Subjekt gehandelt wird.

Übungen

   I.   Finden Sie alle Passivsätze in ACTIVITIES I und II.

*Passive voice

II. Bilden Sie aus den Satzelementen Passivsätze. Beachten Sie die angegebene Zeit.

1. der Herzkranke/einsetzen/Herzschrittmacher/ (Imperfekt)
2. endlich/finden/ein Serum/gegen/spinale Kinderlähmung (Perfekt)
3. ich/muß/sich untersuchen/lassen/der Spezialist (Futur)
4. wann/impfen/du/zuletzt (Perfekt)
5. welcher/Arzt/behandeln/Sie (Präsens)?

III. Übersetzen Sie. Gebrauchen Sie das Passiv!

1. The boxer was injured by his opponent. (Perfekt)
2. Appendicitis must be treated immediately. (Präsens)
3. The child was given a shot immediately. (Imperfekt)
4. I wonder if a serum will ever be found against this disease? (Futur)
5. In the hospital nurses continuously took my blood pressure and felt my pulse. (Imperfekt)
6. Goethe was born in 1749. I was born in . . . (Imperfekt)

Wortschatz

die **Behandlung, -en**	treatment
die **Beschwerden** (pl.)	here: difficulties
das **Heilmittel, -**	here: cure
der **Notdienst**	emergency service (for doctors)
der **Turnwettkampf, ⸚e**	gymnastics competition
ab·nehmen, (i), a, o	here: to lose weight
an·nehmen (i), a, o	here: to assume
an·stecken	to catch an illness
auf·suchen	to visit a doctor
sich beeilen	to hurry
atmen	to breathe
sich aus·ruhen	to rest
sich entspannen	to relax
sich ereignen	to take place
heilen	to heal
spüren	to notice
vermeiden, ie, ie	to avoid
verschreiben, ie, ie	to prescribe
vor·beugen	to bend over
vor·haben	to plan, to intend

angegriffen	*weakened*
blaß	*pale*
gründlich	*thorough*
Pech haben	*to have bad luck*
schwindlig	*dizzy*
vorgeschrieben	*prescribed, ordered*
wenigstens	*at least*
der Phantasie freien Lauf lassen	here: *to fantasize freely*

KAPITEL 10

Dieses Bild kenne ich doch . . . ?

Wir zeigen Ihnen sieben Bilder in diesem Kapitel. Manche haben Sie wahrscheinlich schon irgendwo und irgendwann gesehen. Identifizieren Sie zunächst jedes Bild. Ein kleiner Tip soll dabei helfen.

Activities

I. *„Die Festspielstadt"*
   Tip: In der Mitte der Stadt befindet sich ein Berg mit einer Burg, die 1000 Jahre alt ist.
   Wie heißt diese Stadt, und in welchem Land ist sie?
   Welcher berühmte Musiker wurde dort geboren?

   1. *Fragen*
      a. Was wissen Sie über den berühmtesten Sohn dieser Stadt? Er komponierte übrigens die „Zauberflöte" (*The Magic Flute*).
      b. Welcher bekannte amerikanische Film mit Julie Andrews zeigt das schöne Panorama dieser Stadt?

Millionen besuchen diese schöne Festspielstadt.

    c. Warum würden Sie diese Stadt gern besuchen? Was gibt es dort zu tun, zu sehen und zu hören?

    d. Was sagt uns der Name dieser Stadt?

2. Diese berühmte Festspielstadt liegt in Österreich. Was wissen Sie über dieses Land? Wie wär's mit einem kleinen Österreich-Quiz, den Sie sich gegenseitig stellen?

Zwei Gruppen stellen sich gegenseitig Fragen über Österreich (Geographie, Geschichte, Politik, Kunst, Wissenschaft, Sport, usw.) Der Frager darf aber nur Fragen stellen, die er selbst beantworten kann. Beide „Teams" müssen sich für diesen Quiz vorbereiten.

z.B.

. . . ja oder nein ist nicht genug!

Frager: Ist das heutige Österreich Mitglied der NATO oder des Warschau-Paktes?

Antwort: Weder noch. Österreich ist seit 1955 ein neutrales Land, das weder der NATO noch dem Warschau-Pakt angehört.

3. Hier ist eine Liste bekannter Österreicher, österreichischer Institutionen und österreichischer Städte. Was wissen Sie darüber?

z.B. <u>Gustav Mahler</u>

Mahler war ein berühmter Dirigent und Komponist am Anfang unseres Jahrhunderts. Er leitete die Wiener Staatsoper und später die Metropolitan Opera in New York. Besonders bekannt sind seine Simfonien und einige seiner Lieder („Das Lied von der Erde", „Die Kindertotenlieder").

a. Johann Strauß	j. Die Wiener Sängerknaben
b. Ernst Mach	k. Die Spanische Hofreitschule
c. Franz Kafka	l. Das Burgtheater
d. Franz Schubert	m. Die Wiener Staatsoper
e. Josef Haydn	n. Schloß Schönbrunn
f. Bertha von Suttner	o. Der Prater
g. Kurt Waldheim	p. Der Stefansdom
h. Karl Böhm	q. Dirndl
i. Siegmund Freud	r. Innsbruck
	s. Wien

II. *„Das . . . fest"*

Tip: In dieser Stadt steht das Hofbräuhaus

In welchem Monat findet dieses Fest statt?

Und in welcher Stadt?

1. Fragen:

    a. Warum ist dieses Fest so berühmt und populär?

    b. Was würden Sie dort tun?

    c. Was ist auf diesem Fest los?

    d. Was wissen Sie über die Stadt, in der dieses Fest stattfindet?

Wie viele Krügel
trinken Sie wohl?

Verwenden Sie die folgenden Nominalverbindungen (=noun + verb)
in Ihrer Besprechung des Oktoberfestes der Stadt München. Wie viele
dieser Nominalverbindungen kennen Sie schon? Falls Sie Schwie-
rigkeiten haben, schlagen Sie im Endvokabular nach.

in guter Stimmung sein	ein Fest feiern
sich mit Leuten unterhalten	Bier trinken
das „Maß" heben	im Zelt sitzen
Lieder singen	das Faß anschlagen
	Sorgen vergessen

2. Hier sind drei Ereignisse, die in München stattfanden.
    a. 1920 gründete Adolf Hitler in München die Na-
        tionalsozialistische Deutsche Arbeiterpartei (NSDAP).
    b. 1938 schlossen Adolf Hitler, Benito Mussolini, Neville Cham-
        berlain und Edouard Daladier hier das „Münchner Abkom-
        men" ab, mit dem sie angeblich „den Frieden für unsere Zeit"
        gesichert hatten.
    c. 1972 wurden bei den Olympischen Spielen in München elf
        israelische Sportler von Terroristen ermordet.

Was haben Sie zu jedem dieser Ereignisse zu sagen? Waren sie
wichtig? Warum? Was waren die Konsequenzen dieser Ereignisse?
Sagen oder schreiben Sie Ihre Meinung. Die folgenden Nominalverbindungen helfen Ihnen vielleicht bei der Besprechung.

ein Abkommen schließen	*to come to an agreement*
den Frieden sichern	*to secure peace*
eine Partei gründen	*to create a party*
an die Macht kommen	*to come to power*
eine Forderung stellen	*to make a demand*
eine Diktatur errichten	*to establish a dictatorship*
ein Attentat verüben	*to commit an assassination*
die Spiele absagen	*to cancel the games*

III.   *„Die Flamme"*

Tip: So beginnt es alle vier Jahre.

Woher kommt diese Flamme?
Wie heißt sie?

1.   Fragen:

     a.   Wie nennt man dieses bedeutendste aller sportlichen Ereignisse?

     b.   Seit wann gibt es diese „Spiele"?*

     c.   Nennen Sie fünf Städte, in denen diese Spiele schon stattgefunden haben.

     d.   Was ist die Idee, die diese Spiele leiten soll?

2.   Im Sport gibt es angeblich drei Kategorien von Sportlern: a)Amateure   b) Berufssportler (Profi)   c) Staatsamateure.

     a.   Was ist der Unterschied zwischen diesen drei Kategorien? Erklären Sie, was ein Amateur, ein Berufssportler oder ein Staatsamateur ist (oder sein soll).

     b.   An den Olympischen Spielen dürfen angeblich nur Amateure teilnehmen. Sind heute alle Teilnehmer wirklich Amateure? Hat diese Regel heute noch einen Sinn? Wie denken Sie darüber?

„Die Olympischen Spiele . . . Lohnen sie sich noch?"

     c.   Welche Probleme gibt es bei den Olympischen Spielen? Besprechen Sie diese Probleme mit einem Partner oder in einer Diskussionsgruppe. Denken Sie dabei an Dinge wie Organisation, Finanzierung, Politik, Nationalismus, usw.

     d.   Was ist Ihre persönliche Meinung über die Olympischen Spiele? Sind Sie dafür oder dagegen? Begründen Sie Ihre Meinung.

     e.   Würden Sie gern einmal an diesen Spielen als Zuschauer oder als Sportler teilnehmen? Warum? Warum nicht?

     f.   Was muß man tun, um in einem Sport Höchstleistungen zu erreichen? Was braucht man? Wozu muß man bereit sein? (z.B. Man muß täglich trainieren.)

3.   Testen Sie Ihr Sportvokabular. Welche Sportart treiben die Sport-

*See key p. 150.

Jetzt können die
Spiele beginnen.

ler oder Sportlerinnen, die Sie oft auf Bildern sehen? Wie heißen
sie auf deutsch?

In der Schwerathletik (Boxen, Ringen, Gewichtheben, Karate) gibt
es verschiedene Gewichtsklassen. Können Sie das deutsche Wort
für diese Gewichtsklassen erraten?

feather weight	. . . gewicht
light weight	. . . gewicht
middle weight	. . . gewicht
heavy weight	. . . gewicht

Und was glauben Sie, wie heißen diese Schwimmarten auf
deutsch?

back stroke	das . . . schwimmen
breast stroke	das . . . schwimmen
butterfly	der . . . stil
crawl stroke	der . . . stil

Welche anderen Sportarten kennen Sie, die wir noch nicht ge-
nannt haben? Auf deutsch, natürlich!

IV. „Der . . . Dom"

Tip: Die Stadt, in der sich dieser Dom befindet, liegt am Rhein.
In welcher Stadt steht dieser Dom?
Wie alt dürfte die Kirche wohl sein?

1. Fragen

    a. Kennen Sie den Baustil dieser Kirche?
    b. Was charakterisiert diesen Baustil?

Die Luftverschmutzung „zerfrißt" diesen herrlichen
Dom.

    c.   Was beeindruckt Sie bei diesem Dom besonders?
    d.   Welche anderen Baustile kennen Sie?

2.   Dieser herrliche Dom steht nun schon seit über 800 Jahren inmitten dieser schönen Stadt am Rhein. Wind, Wetter, Brände, ja sogar
die Bomben des Zweiten Weltkrieges überstand dieser Dom. Aber
jetzt droht ihm größte Gefahr. Man hat festgestellt, daß er zerbrök-
kelt. Ja, die Umweltverschmutzung zerstört den Kölner Dom. Die
giftigen Gase, die die Autos und Fabriken abgeben, zerbröckeln
den Stein. Fünfzig Maurer wechseln täglich schadhafte Steine aus.
Trotzdem ist man nicht sicher, daß diese schönste Kirche Deutschlands vor der „Steinpest" gerettet werden kann. Was Wind, Wetter, Brände und Bomben in 800 Jahren nicht zerstören konnten,
zerstört nun Schwefel- und Kohlendioxyd.

    Was sollte man tun, um diesen Dom zu retten? Machen Sie
Vorschläge, und verwenden Sie den „Umweltschutz-Wort-
schatz", den wir hier anführen.

Was gehört oder paßt hier zusammen?

z.B.   Man sollte Schwefel- und Kohlendioxyd verringern.

	erlauben
die Fußgängerzone	ausbessern
die Abgase	ausgeben, (i), a, e
der Verkehr	zerstören
das Gesetz	umleiten
die Umweltverschmutzung	erlassen, (ä), ie, a
der Umweltschutz	finanzieren
die Gefahr	säubern
das Geld	verringern
die Autos	vergrößern
die Fabriken	vermeiden
	modernisieren

V.   „*Das . . . horn*"
Tip: Dies ist ein hoher Berg in Europa.

Wie heißt er?
Wo befindet sich dieser bekannte Berg?

1.   Fragen
   a.   Warum kennt man diesen Berg so gut?

Dieses „Horm"—ein vielfotografierter
Berg.

  b. Womit assoziieren Sie diesen Berg? Woran denken Sie, wenn Sie dieses Bild sehen?

  c. Möchten Sie ihn besteigen? Warum? Warum nicht?

  d. Was braucht man, um ihn zu besteigen?

 2. Wortschatz für Bergsteiger. Wie viele Wörter können Sie raten? Wenn notwendig, schauen Sie im Endvokabular nach.

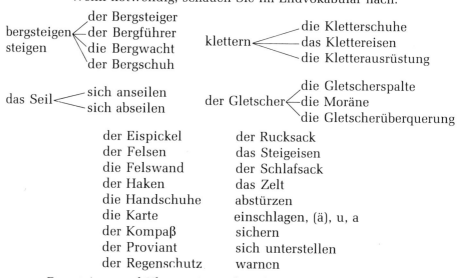

bergsteigen — der Bergsteiger / der Bergführer / die Bergwacht / der Bergschuh
steigen

klettern — die Kletterschuhe / das Klettereisen / die Kletterausrüstung

das Seil — sich anseilen / sich abseilen

der Gletscher — die Gletscherspalte / die Moräne / die Gletscherüberquerung

der Eispickel   der Rucksack
der Felsen   das Steigeisen
die Felswand   der Schlafsack
der Haken   das Zelt
die Handschuhe   abstürzen
die Karte   einschlagen, (ä), u, a
der Kompaß   sichern
der Proviant   sich unterstellen
der Regenschutz   warnen

Bergsteigen und Klettern ist nicht jedermanns Sache. Manche finden diesen Sport nicht nur gefährlich, sondern sogar verrückt. Warum riskieren Menschen ihr Leben beim Bergsteigen?

 Andere begeistern sich fürs Bergsteigen und finden darin ein besonderes Lebenselixir. Sind Sie dafür oder dagegen? Sagen oder schreiben Sie in ein paar Sätzen, wie Sie darüber denken. Begründen Sie Ihre Meinung.

VI. „Der furchtbare Pilz"
   Tip: . . . möge der Tag nie kommen!

 Was zeigt dieses Bild?

 1. Fragen:

  a. Warum nennen wir dieses Bild den „furchtbaren Pilz?"

  b. An was denken Sie, wenn Sie dieses Bild sehen?

  c. Wer ist dafür verantwortlich, daß es diesen „Pilz" gibt?

  d. Welche Probleme gibt es heute mit diesem „Pilz"?

  e. Wurde dieser „Pilz" je in einem Krieg verwendet? Wo und wann?

 2. Hier ist ein kleines „Weltuntergangsvokabular" (*doomsday vocabulary*), das Sie für dieses Bild brauchen.*

*Wenn Sie es nicht kennen, befragen Sie das Endvokabular.

Mögen wir es nie erleben!

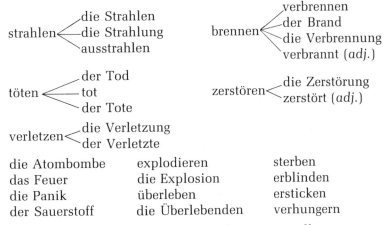

strahlen — die Strahlen / die Strahlung / ausstrahlen

brennen — verbrennen / der Brand / die Verbrennung / verbrannt (*adj.*)

töten — der Tod / tot / der Tote

zerstören — die Zerstörung / zerstört (*adj.*)

verletzen — die Verletzung / der Verletzte

die Atombombe	explodieren	sterben
das Feuer	die Explosion	erblinden
die Panik	überleben	ersticken
der Sauerstoff	die Überlebenden	verhungern

3. Was geschieht in einem Krieg, in dem Atomwaffen angewandt werden? Skizzieren Sie das Inferno. Jeder in der Klasse sagt einen Satz zu diesem Thema.

    z.B. Die radioaktiven Strahlen der Bombe würden sofort Zehntausende von Menschen töten.
Die Explosion einer Atombombe würde Tausende von Bränden verursachen. An Sauerstoffmangel würden Tausende ersticken.

usw.

VII. „Die Mauer''
Tip: Sie trennt Deutsche von Deutschen.

Diese Mauer trennt Deutsche von Deutschen.

Wo befindet sich diese Mauer?
Wer baute sie?
Wann hat man sie gebaut?

1. Fragen

a. Warum hat man diese Mauer gebaut? Darüber haben verschiedene Regierungen verschiedene Meinungen.
b. Was symbolisiert sie?
c. Wie denken Sie über diese Mauer?
d. Wie lange wird es wohl diese Mauer geben? Was glauben Sie?
e. Warum ist es so schwer, über diese Mauer zu fliehen?

2. Wortschatzübung.

Testen Sie sich zuerst selbst. Wie viele dieser Wörter kennen Sie bereits oder können Sie raten? Wörter, die für Sie neu sind, finden Sie im Endvokabular. Oder fragen Sie Ihren Lehrer oder Ihre Lehrerin.

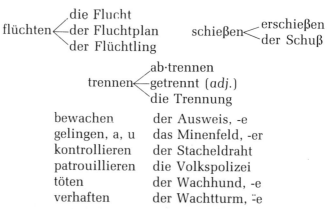

flüchten ← die Flucht / der Fluchtplan / der Flüchtling

schießen ← erschießen / der Schuß

trennen ← ab·trennen / getrennt (adj.) / die Trennung

bewachen   der Ausweis, -e
gelingen, a, u   das Minenfeld, -er
kontrollieren   der Stacheldraht
patrouillieren   die Volkspolizei
töten   der Wachhund, -e
verhaften   der Wachtturm, ⸚e

3. Zwei Deutsche, ein Bürger der Bundesrepublik und ein Bürger der DDR, lernen sich an einem Strand in Rumänien kennen. Sie verbringen ihre Ferien am Schwarzen Meer. Sie diskutieren ganz offen über die „Mauer''—niemand hört sonst zu.

Finden Sie einen Partner oder eine Partnerin und führen Sie ein solches Gespräch. Das Gespräch kann auch als Gruppendiskussion geführt werden. Orientieren Sie sich aber vorher über das Verhältnis zwischen der Bundesrepublik und der Deutschen Demokratischen Republik. (Sehen Sie in der Bibliothek, in Zeitungen, Zeitschriften, Büchern, usw. nach.) Versuchen Sie, die Standpunkte beider deutschen Staaten zu dem Problem der „Mauer'' zu vertreten.

Sprichwort des Tages:

. . . und wir
üben
unsere
Aussprache.
-ch- (palatal)

Die Glücklichen sind reich, nicht
die Reichen glücklich.
Gleiche Pflichten, gleiche Rechte.
Unrecht Gut gedeiht nicht.
Herr oder Knecht, Recht bleibt Recht.

Zungenbrecher:

Wenn mancher Mann wüßt', wer mancher Mann wär', gäb'
mancher Mann manchem Mann manchmal mehr Ehr'.

Grammar Reminders

Als, wenn, wann

<u>Als</u> (*when*) beschreibt etwas Vergangenes (*something in the past.*)

<u>Als</u> Hans krank war, konnte er nicht kommen.
<u>Wenn</u> (*whenever, if*) beschreibt etwas, was sich wiederholt (*a repeated event*), oder eine „if-situation''.

Ich lerne immer viele Redensarten, wenn ich mit Deutschen spreche.
Kommen Sie, wenn Sie Zeit haben?
<u>Wann</u> (*when?*) ist ein Fragewort, das man in direkten oder indirekten Fragen verwendet.

Wann kommst du zu uns?
Wir wissen nicht, wann du zu uns kommen wirst.

Übungen

I. Ergänzen Sie mit <u>als</u>, <u>wenn</u> oder <u>wann</u>.

1. Besuchen Sie Mozarts Geburtshaus, _____ Sie nach Salzburg kommen?

2. _____ hat Gustav Mahler gelebt?

3. Weißt du, _____ das Oktoberfest beginnt?

4. _____ die Atombombe auf Hiroshima fiel, starben Tausende von Menschen.

5. Otto hat mir nicht gesagt, _____ er nach München fährt.

6. _____ du im Sport Höchstleistungen erreichen willst, mußt du täglich trainieren.

7. Man braucht eine Kletterausrüstung, _____ man klettern will.

8. Es war die Zeit vor dem Ersten Weltkrieg, _____ Bertha von Suttner ihr berühmtes Buch „Die Waffen nieder" schrieb.

9. _____ wurde die Berliner Mauer gebaut?

10. _____ Leute in guter Stimmung sind, singen sie gern.

II. Verbinden Sie die folgenden Sätze mit <u>als</u>, <u>wenn</u> oder <u>wann</u>.

1. Gestern sah ich dieses Bild. Es erinnerte mich an unsere letzte Ferienreise.
2. Sie sollten nie ohne Seil klettern. Sie machen eine Bergtour.
3. Ich habe den Kölner Dom gesehen. Ich weiß es nicht.
4. Die erste Atombombe explodierte in Hiroshima. Tausende von Menschen wurden von ihr getötet.
5. Ich besuche das Schloß Schönbrunn. In den Ferien fahre ich nach Wien.
6. Fährst du zu Weihnachten nach Hause? Weißt du es genau?
7. Wir nehmen die Umweltverschmutzung nicht ernst. Wir werden bald nicht mehr atmen können.
8. Die Geschäfte sind morgen geschlossen. Das kann ich Ihnen nicht sagen.
9. Wir trinken zuviel Bier. Wir sind in guter Stimmung.
10. Wir fahren zu den olympischen Spielen. Wir nehmen dich mit.

III. Auf deutsch, bitte!

1. When did Mozart live?
2. Whenever I hear the name Ernst Mach, I think of physics.
3. I don't know when Hitler came to power.
4. Linda was 20 years old when she climbed the Matterhorn.
5. It was 1961 when the DDR built the Berlin Wall.
6. If you drink, don't drive.
7. Visit Schönbrunn when you come to Vienna.
8. When I was ten years old, I saw the movie „Sound of Music".

Wortschatz

die **Abgase**	*exhaust fumes*
der **Baustil, -e**	*architectural style*
der **Berufssportler, -**	*professional athlete*
die **Besprechung, -en**	*discussion*
der **Brand, ⁻e**	*fire*
die **Burg, -en**	*fortress*
der **Bürger, -**	*citizen*
der **Dirigent, -en**	*conductor*
der **Dom, -e**	*cathedral*
die **Fabrik, -en**	*factory, plant*
das **Faß, ⁻sser**	*barrel*
der **Felsen, -**	*rock*
die **Festspiele**	*festivals*
die **Fußgängerzone, -n**	*pedestrian zone*
die **Gefahr, -en**	*danger*
das **Gesetz, -e**	*law*
die **Gewichtsklasse, -n**	*weight class*
die **Höchstleistung, -en**	*maximum performance*
die **Kindertotenlieder**	*the songs about deceased children*
das **Kohlendioxyd**	*carbon dioxide*
der **Mangel, ⁻**	*deficiency, lack*
das **Maß**	*quart (of beer)*
das **Mitglied, -er**	*member*
die **NSDAP** (Die Nationalsozialistische Deutsche Arbeiterpartei)	*The National Socialist German Workers Party*
der **Pilz, -e**	*mushroom*
der **Prater**	*amusement park in Vienna*
die **Sache, -n**	*matter, thing*
das **Schwarze Meer**	*The Black Sea*
das **Schwefeldioxyd**	*sulfur dioxide*
die **Schwerathletik**	*heavy athletics*
das **Seil, -e**	*rope*
der **Sinn, -e**	*meaning*
der **Standpunkt, -e**	*point of view, opinion*
die **Spanische Hofreitschule**	*The Spanish Riding School (in Vienna)*
die **Sportart, -en**	*branch of athletics, event*
der **Stefansdom**	*Saint Stephen's Cathedral (in Vienna)*

der **Stein, -e**	stone
die **Steinpest**	atmospheric corrosion
die **Stimmung**	mood
der **Strand, ⁻e**	beach
der **Umweltschutz**	environmental protection
die **Umweltverschmutzung**	pollution
die **Verhältnisse** (plural)	here: conditions
der **Vorschlag, ⁻e**	suggestion
das **Zelt, -e**	tent
der **Zuschauer, -**	spectator
ab·geben, (i), a, e	to emit, radiate
ab·halten, (ä), ie, a	to stage, hold
ab·schließen, o, o	to sign (an agreement), to complete
auf·fordern	to ask, request
aus·bessern	to repair
aus·geben, (i), a, e	to spend (money)
aus·wechseln	to exchange
sich begeistern für	to become enthusiastic
begründen	to give reason for, to prove
besteigen	to climb
drohen	to threaten
erlassen, (ä), ie, a	to pass (a law)
ersticken	to suffocate
gründen	to found, establish
heben, o, o	to lift
komponieren	to compose
leiten	to direct
säubern	to clean
statt·finden, a, u	to take place
überstehen, a, a	to survive, to withstand
um·leiten	to detour
vergrößern	to enlarge
verringern	to reduce, cut down
verüben	to carry out
vertreten, (i), a, e	to represent
verursachen	to cause
zerbröckeln	to crumble away
zerstören	to destroy
zu·hören	to listen
zusammen·passen	to go well together
angeblich	allegedly
bedeutend	important

bereit	*ready*
gegenseitig	*mutual, reciprocal*
giftig	*poisonous*
inmitten	*in the middle of*
schadhaft	*defective*
trotzdem	*nevertheless*
verantwortlich	*responsible*
zuerst	*at first*
zunächst	*first of all*

KAPITEL 11

Situationen

In diesem Kapitel beschreiben wir einige Situationen, in die wir alle einmal kommen könnten oder in denen wir vielleicht schon waren. Wie würden wir reagieren? Was sagen wir? Was tun wir? Was denken wir?

Activities

I. Sie sind zu einer Party eingeladen. Auf einmal hält ihr Gastgeber völlig unerwartet eine flammende Impromturede gegen Kernkraftwerke. Er fordert alle Anwesenden auf, eine Geldspende für den Klub „Weg mit den Kernkraftwerken" zu geben. Sie sind persönlich fest davon überzeugt, daß wir Kernkraftwerke brauchen, aber Sie wollen Ihren Gastgeber nicht beleidigen. Außerdem arbeitet Ihr Vater für die Firma, in der dieser Herr Direktor ist. Was machen Sie? Was sagen Sie?

1. *Fragen*
   a. Was für Möglichkeiten haben Sie in dieser Situation?
   b. Was halten Sie von der Rede des Gastgebers?
   c. Warum sind Sie für den Bau von Kernkraftwerken?
   d. Welche Argumente hört man oft von den Gegnern der Kernkraftwerke?

Kernkraftwerke: Heißes Diskussionsthema—hüben und drüben

113

2. *Wie sagt man auf deutsch?*

to be angry	*to disagree*	*to be necessary*
to be embarrassed	*to respond*	*to produce*
to leave	*to convince*	*to endanger*
to be afraid	*to be silent*	*to eliminate*

3. Nehmen Sie zu den folgenden zwei Behauptungen Stellung:

    a. „Wir brauchen Kernkraftwerke''.

    b. „Kernkraftwerke sind für uns alle eine unakzeptable Gefahr.''

II. Sie sind mit Ihrem Auto unterwegs. Auf einer einsamen Straße haben Sie beinahe einen Unfall. Nur mit größter Mühe können Sie einem Auto ausweichen, das einmal auf der linken und dann wieder auf der rechten Straßenseite fährt und schließlich gegen einen Zaun prallt.

Sie halten an, um zu sehen, was passiert ist. Natürlich wollen Sie auch helfen, falls jemand verletzt wurde. Nein, dem anderen Fahrer ist nichts passiert. Er ist nur betrunken.

Der Betrunkene bietet Ihnen $100 an, wenn Sie bereit wären, diesen Vorfall nicht der Polizei zu melden. Er möchte auch nicht, daß Sie irgend jemand anderen verständigen.

Was würden Sie in dieser Situation tun und sagen? Wie würden Sie sich verhalten?

1. Wählen Sie einen Partner oder eine Partnerin und spielen Sie diese Situation.

    a. Sie sind nicht bereit, auf das Angebot des Betrunkenen einzugehen. Warum nicht? Erklären Sie Ihre Entscheidung.

    b. Sie haben das Geld angenommen. Was halten Ihre Freunde davon, denen Sie diese Geschichte erzählen?

    c. Sie waren der Betrunkene. Am nächsten Tag sind Sie wieder nüchtern und versuchen, Ihr Angebot zu erklären und zu verteidigen.

    d. Warum wollte der Betrunkene, daß niemand etwas von diesem Vorfall erfährt? Sie und ein Partner spekulieren über seine Motive.

III. Sie unternehmen mit Ihrem Freund Gerhard eine Bergtour. Beim Abstieg stürzt Gerhard und bricht sich sein linkes Bein. Sie und Gerhard sind ganz allein. Hilfe ist weit weg. Ihr Freund wiegt über hundert Kilo.

1. Was würden Sie in dieser Situation tun? Würden Sie . . . Hier sind einige Ideen in Stichworten:

    a. Gerhard ins Tal tragen

    b. ein Feuer machen

    c. um Hilfe rufen

    d. Gerhard warm anziehen

Schweizer Gletscher—schön und gefährlich

    e. ins Tal gehen
    f. was noch?

Erklären Sie Ihre Wahl. Warum haben Sie sich dazu entschlossen? Was sind die Vor- und Nachteile Ihrer Entscheidung? Was sind die Gefahren und Risiken?

2. Wie viele Verben dieses „Unfallvokabulars" kennen Sie bereits? Verwenden Sie sie bei der Besprechung dieser Situation.

to be afraid	*to leave alone*	*to help*
it hurts	*don't touch*	*to notify*
to be cold	*to feel*	*to reach*
to freeze	*to doubt*	*to decide*
to dress warmly	*to overestimate*	*to prepare oneself*
to protect oneself	*to underestimate*	*to inquire*

3. *Fragen*
    a. Was sind die Gefahren bei einer Bergtour, einer Wanderung oder einem Ausflug? Was kann alles passieren?
    b. Wie kann und soll man sich gegen solche Gefahren schützen?
    c. Mit wem würden Sie eine (keine) Bergtour oder Wanderung unternehmen? Warum?
    d. Wenn Sie der verletzte Freund wären, was würden Sie Ihrem Freund in dieser Situation vorschlagen? Was sollte er tun oder nicht tun?

IV. Dein Freund (deine Freundin) möchte mit dir am Samstag abend ausgehen. Du zögerst, denkst an deine zwei Prüfungen, die du am

Montag hast und erklärst schließlich: „Du, es tut mir leid, aber diesen Samstag kann ich wirklich nicht. Ich habe zu viel zu tun.''

An diesem Samstag nachmittag bekommst du einen Anruf von einem alten Freund (einer alten Freundin), der (die) jetzt in einem anderen Staat lebt. Du hast ihn (sie) schon lange nicht mehr gesehen. Da er (sie) schon am nächsten Tag abreisen muß, wollt ihr euch treffen. Und schließlich läßt du dich auch überreden, gemeinsam ins Kino zu gehen.

Als du im Kino Platz nimmst, siehst du auf einmal, wer zwei Reihen hinter dir sitzt. Dein „anderer'' Freund (deine „andere'' Freundin). Peinlich, nicht wahr?

1. Was würdest du in diesem Augenblick tun?
    Was würdest du dem „anderen'' Freund sagen, falls er dich anspricht?
    Was wird die Reaktion des „anderen'' Freundes sein? Was glaubst du?
    Was sagst du deinem alten Freund, mit dem du ins Kino gegangen bist?

2. Wie hättest du diese peinliche Situation vermeiden können?
    Was hast du aus dieser Erfahrung gelernt?
    Welche Verpflichtung hat man gegenüber „alten'' und „neuen'' Freunden?

3. Stelle eine kleine Liste von Ausdrücken zusammen, die zum Vokabular von <u>Entschuldigungen</u> (excuses), <u>Erklärungen</u> (explanations) und <u>Rechtfertigungen</u> (justifications) gehören.

    z.B. Es tut mir leid.
        Bitte versteh' mich doch.

    _____ I didn't know

    _____ I hadn't planned

    _____ please, let me explain

    _____ if I had known

    _____ I tried to call you

    _____ I tried to reach you

    _____ that won't happen again

    _____ I wanted to tell you

    _____ I had no chance

    _____ please, listen

    _____ please, forgive me

    _____ no, it wasn't like that

_____ you don't understand

_____ why didn't you tell me

V. Jim ist Ihr bester Freund. Er hat eine Freundin, Jane, die im selben Geschäft arbeitet, wo auch Sie einen Job haben. Jim ist in Jane sehr verliebt und läßt nichts über sie kommen. Jane scheint sehr nett zu sein. Sie verstehen sich auch gut mit ihr. Sie teilen mit Jane vor allem die gemeinsame Abneigung gegen den Manager des Geschäftes, den sie beide nicht ausstehen können. Der ist ein richtiger Tyrann! Er behandelt alle Angestellten äußerst schlecht und ungerecht. Weder dieser Manager noch die Firma im allgemeinen zeigen viel Verständnis für die Angestellten. Die Angestellten fühlen sich oft ausgenützt. Doch „geteiltes Leid ist halbes Leid".

Eines Tages bemerken Sie, daß Jane verschiedene Dinge in ihre Tasche steckt, bevor sie das Geschäft verläßt. Als Sie dies zum ersten Mal sehen, sind Sie nicht ganz sicher, ob Jane wirklich etwas „mitgehen ließ",* was ihr nicht gehörte. Doch Ihre Vermutung bestätigt sich, als Sie am nächsten Abend wieder sehen, daß Jane Waren aus dem Geschäft stiehlt.

Was sollen Sie tun, was sollen Sie sagen? Sie stehen vor schwierigen Entscheidungen.

1. Fragen:
    a. Würden Sie Ihrem Freund etwas von diesem Vorfall erzählen? Wenn ja, was?
    b. Was wären Ihre Gründe, wenn Sie sich entschließen, Jim nichts davon zu erzählen?
    c. Würden Sie Jane zur Rede stellen? Was würden Sie ihr raten?
    d. Würden Sie dem Manager berichten, was Sie gesehen haben? Warum? Warum nicht?
    e. Was glauben Sie: Wie würde sich Jane verteidigen, wenn Sie sie zur Rede stellten? Halten Sie Janes Rede.
    f. Was würde der Manager sagen und tun?

2. Stellen Sie eine Liste von Fragen auf, die jede der folgenden Personen in dieser Situation stellen könnte.

    z.B. Jim/Jane (Jim fragt Jane)
    Sag' mal, Jane, wie konntest du nur so etwas tun?
    oder: Wolltest du nur die Firma schädigen oder . . . ?

Was fragt man
da wohl?

Sie fragen Jim
Jim fragt Sie
Sie fragen Jane
der Manager fragt Jane
Jane fragt Jim

*mitgehen lassen = stehlen

3. Verwenden Sie die folgenden Ausdrücke in sinnvollen Sätzen oder Fragen (aber nicht dieselben wie im Text)

z.B.   zur Rede stellen   *to take to task*
Als Klaus die leere Coca Colaflasche auf unseren Rasen warf, habe ich ihn zur Rede gestellt.

sich (mit jemand(em)) gut verstehen	*to get along well*
nichts über jemand(en) kommen lassen	*to defend a person staunchly*
Verständnis zeigen	*to be understanding*
nicht ganz sicher sein	*to be not quite sure*
eine Abneigung teilen	*to share a dislike*
(jemand(en)) gut behandeln	*to treat someone well*
(jemand(en)) nicht ausstehen können	*to dislike someone a lot*
vor einer Entscheidung stehen	*to face a decision*
eine Vermutung bestätigen	*to confirm a suspicion*
sich ausgenützt fühlen	*to feel exploited*

4. Geben Sie für die unterstrichenen Wörter und Ausdrücke eine synonyme Umschreibung.

z.B.   Hans arbeitet im selben Geschäft.
Hans arbeitet im gleichen Betrieb.

a. Ich habe jetzt keinen Job.
b. Wir bemerkten, daß er abends immer etwas mitnahm.
c. Jane verläßt um 5 Uhr das Geschäft.
d. Wir sprachen über unseren Betrieb.
e. Ich bin nicht sicher, ob diese Sachen ihm gehören.

Sprichwort des Tages:

. . . und jetzt
üben wir unsere
Aussprache.
-Wiederholung-

Ein weiser Mann macht nicht viele Worte.
Vereint sind auch die Schwachen mächtig.
Übung macht den Meister.

Zungenbrecher:

Kleine Kinder können keine Kirschkerne knacken.

Grammar Reminders

Verb + Präposition

Manche Verben „verlangen" eine bestimmte Präposition, wenn man sie idiomatisch richtig verwenden will. Die Verben + Präpositionen, die wir hier anführen, finden Sie in den Kapiteln 1–10.

reagieren auf	sich bedanken für
halten von	antworten auf
sich verstehen mit	sich vorbereiten auf
teilnehmen an	einwandern nach
sich erinnern an	sich einigen über
bitten um	sich ärgern über
sich unterhalten mit	sich bewerben um
sich freuen auf	denken an
ersticken an	diskutieren über

Übungen

I. Bilden Sie mit jedem dieser Verben einen sinnvollen Satz oder eine Frage.

II. Finden Sie eine synonyme Umschreibung für Ihren Satz oder Ihre Frage.*

    z.B. Er <u>antwortete</u> nicht <u>auf</u> meine Frage.
            Er reagierte nicht auf meine Frage.

Wortschatz

der **Abstieg, -e**	*descent*
das **Angebot, -e**	*offer*
der **Angestellte, -n**	*employee*
die **Anwesenden** (plural)	*those present*
der **Bau**	*construction*
der **Betrunkene, -n**	*intoxicated person, drunk*
die **Erfahrung, -en**	*experience*
der **Gegner, -**	*opponent*
die **Geldspende, -n**	*financial contribution*
die **Impromturede, -n**	*impromptu speech*
das **Kernkraftwerk, -e**	*nuclear power plant*
das **Leiden, -**	*suffering*
die **Mühe**	*effort*
das **Steuerrad, ⁻er**	*steering wheel*

*Nur wenn Sie kein Synonym für Ihr Verb finden können, befragen Sie den „Schlüssel" auf Seite 152.

das **Stichwort**, ⁻er	*key word*
das **Tal**, ⁻er	*valley*
die **Vermutung**, -en	*guess, suspicion, hunch*
die **Verpflichtung**, -en	*obligation*
der **Vorfall**, ⁻e	*incident*
der **Zaun**, ⁻e	*fence*
ab·reisen	*to depart*
an·halten, (ä), ie, a	*to stop*
an·nehmen, (i), a, o	*to accept*
an·sprechen, (i), a, o	*to address, talk to*
auf·fordern	*to request, to demand*
aus·weichen, i, i	*to avoid*
behandeln	*to treat*
beleidigen	*to insult*
bemerken	*to notice*
bestätigen	*to confirm*
ein·gehen auf, i, a	*to accept (a proposal)*
sich entschließen, o, o	*to decide*
melden	*to report*
prallen	*to crash (against)*
schädigen	*to damage, hurt*
schützen	*to protect*
stürzen	*to fall*
teilen	*to share*
überreden	*to persuade*
überzeugen	*to convince*
unternehmen, (i), a, o	*to undertake*
verhalten, (ä), ie, a,	*to behave, act*
verständigen	*to notify, to contact*
verteidigen	*to defend*
wiegen, o, o	*to weigh*
zögern	*to hesitate*
äußerst	*very, extremely*
ausgenützt	*exploited*
bereit	*ready*
einsam	*here: remote*
falls	*in case*
fest	*firm(ly)*
nüchtern	*sober*
peinlich	*embarrassing*
ungerecht	*unjust, unfair*
unterwegs	*on the way, en route*
völlig	*complete(ly)*

KAPITEL 12

Die allgemeine Wehrpflicht: Brauchen wir sie oder nicht?

In vielen Ländern der Welt gibt es eine allgemeine Wehrpflicht. Das heißt, junge Männer—und in manchen Ländern auch junge Frauen—müssen für eine bestimmte Zeit beim Militär dienen. Sie haben keine Wahl; das Gesetz des Landes fordert diese Dienstzeit. In der Bundesrepublik Deutschland dauert die Dienstzeit achtzehn Monate, in Österreich nur sechs Monate. In Israel und der Sowjetunion hingegen zwei Jahre. In manchen Ländern kann man einen Ersatzdienst leisten, wenn man nachweisen kann, daß man aus moralischen oder religiösen Gründen gegen den Wehrdienst ist.

In den Vereinigten Staaten gab es im Ersten und Zweiten Weltkrieg und auch während des Konfliktes in Korea und Vietnam eine allgemeine Wehrpflicht. Nach dem Vietnamkrieg wurde sie jedoch abgeschafft. Seit 1980 gibt es in den USA wieder eine Registrierungspflicht für alle junge Männer, die das 18. Lebensjahr erreichen. Und obgleich derzeit in den USA niemand zum

„Wenn die Soldaten durch die Stadt marschieren''

Militär muß, der nicht will, so geht die Debatte über die allgemeine Wehrpflicht doch weiter.

Activities

I.   Wir führen hier einige Argumente an, die oft in der Debatte über die Wehrpflicht verwendet werden. Nehmen Sie zu diesen Argumenten Stellung. Es spielt keine Rolle, ob Sie für oder gegen die Wehrpflicht sind. Wichtig ist nur, daß Sie erklären, warum Sie für oder gegen das angeführte Argument sind.

z.B.   Argument: „Die Zeit beim Militär ist eine verschwendete Zeit."

Dafür: Ja, das stimmt. Während dieser Zeit könnte ich studieren oder einen Beruf ausüben.

Dagegen: Nein, der Wehrdienst ist keine verschwendete Zeit. Beim Militär kann man vieles lernen. Außerdem diene ich damit meinem Land.

Argumente: Pro und contra
—Soldaten sind nur Kanonenfutter für die Politiker.
—Ein starkes Militär schützt den Frieden.
—Wo es viele Soldaten gibt, gibt es auch oft Krieg.
—Soldat sein ist die Pflicht jedes Staatsbürgers.
—Ich möchte selbst entscheiden können, ob ich Soldat sein will oder nicht.
—Wenn junge Männer zum Militär müssen, dann sollten auch junge Frauen ihre Wehrpflicht leisten.
—Das Militär ist eine gute Schule für Disziplin.
—Die Wehrpflicht wollen nur die Politiker, die selbst nicht dienen müssen.
—Wenn man zu jung ist, um Alkohol zu trinken, dann ist man auch zu jung, um in der Armee zu dienen.
—Studenten sollten vom Wehrdienst (nicht) befreit werden.

II.   *Militär-Vokabular.* Für die Besprechung dieses Kapitels werden Sie vielleicht den folgenden Wortschatz nützlich finden.

Militär-Vokabular

ausbilden	*to train*
befehlen, a, o	*to order*
dienen	*to serve*
ein.ziehen, o, o	*to draft (someone)*
exerzieren	*to drill*

frei.stellen	*to exempt*
inspizieren	*to inspect*
kommandieren	*to command*
kriechen, o, o	*to crawl*
marschieren	*to march*
mustern	*to muster*
salutieren	*to salute*
schießen, o, o	*to shoot*
(sich) tarnen	*to camouflage*
üben	*to practice*
verletzen (sich)	*to injure*
verlieren, o, o	*to lose*
die **Armee, -n**	*army*
die **Ausbildungszeit**	*period of training*
die **Beförderung, -en**	*promotion*
die **Dienstzeit**	*time of service*
der **Ersatzdienst, -e**	*alternative service*
die **Grundausbildung**	*basic training*
die **Kaserne, -n**	*barrack*
die **Luftwaffe**	*air force*
das **Manöver, -**	*maneuver*
die **Marine**	*navy*
die **Mobilisierung**	*mobilization*
die **Musterung**	*draft board examination*
der **Offizier, -e**	*officer*
der **Unteroffizier, -e**	*noncommissioned officer*
die **Waffenübung, -en**	*military exercise*
die **Wehrpflicht**	*draft*
die **Wehrpflicht leisten**	*to fulfill one's military obligation*
der **Wehrpflichtverweigerer, -**	*conscientious objector*

III. Adjektive, die zum „Militärvokabular" gehören.

    1. Finden Sie das Antonym, das Gegenwort, zu den folgenden Adjektiven.

    2. Verwenden Sie diese Adjektive in einem Satz oder in einer Frage zum Thema „Wehrpflicht" und „Militär".

    z.B. schwer ≠ leicht
    Es ist nicht leicht zu beweisen, daß man aus moralischen Gründen gegen den Wehrdienst ist.

gut	schwer	müde
beliebt	langweilig	gründlich
verboten	unnütz	fähig
anstrengend	schrecklich	mutig

> undemokratisch   hungrig   erschöpft
> undiszipliniert   ausgeschlafen   nüchtern

IV. Versuchen Sie, die folgenden Wörter kurz auf deutsch zu erklären. Was bedeutet . . . ? Machen Sie diese Übung schriftlich oder mündlich.

> **z.B.** die Musterung
> Die Musterung ist eine Untersuchung, die feststellen soll, ob man für den Wehrdienst fit ist.

1. die allgemeine Wehrpflicht
2. das Manöver
3. der Ersatzdienst
4. die Kaserne
5. die Mobilisierung
6. die Grundausbildung

V. „Wehrpflicht"—wie würden Sie die folgenden Sätze beenden? Äußern Sie Ihre persönliche Meinung.

1. Wenn es in den Vereinigten Staaten wieder eine Wehrpflicht gibt, (gäbe), . . .
2. Solange Frauen nicht zum Militär müssen, . . .
3. Wer gegen (für) die allgemeine Wehrpflicht ist, . . .
4. Seit dem Vietnamkrieg bin ich der Meinung, . . .
5. Wer einmal beim Militär gedient hat, . . .
6. Ich könnte auf niemanden schießen, weil . . .
7. Wenn die Kanadier keine Wehrpflicht brauchen, . . .
8. Es lohnt sich (nicht), einige Jahre beim Militär zu dienen, . . .
9. Die heutige politische Lage erfordert, daß . . .

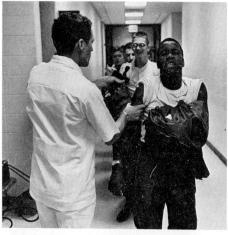

Autsch! Hier wird "scharf" geschossen.

10. Als mein Vater Soldat war, . . .
11. Immer wenn ich Post von der Armee, der Luftwaffe oder Marine bekomme, . . .
12. Ob die Wehrpflicht wirklich für uns notwendig ist, . . .
13. Wenn unser Land keine Wehrpflicht hat (hätte), . . .
14. Junge Leute, die statt des Wehrdienstes einen Ersatzdienst leisten, . . .

VI. Studentenleben—Soldatenleben: ein Vergleich.
Versuchen Sie die wesentlichen Unterschiede im Lebensstil eines Studenten und eines Soldaten aufzuzeigen. Sprechen Sie über:

1. Wohnung (Wahl, Preis, Reinigung, Kontrolle, usw.)
2. Lebensstil (Alltag, Freiheit, Kleidung, usw.)
3. Ferien und Freizeit (wo, wann, Dauer, Tätigkeiten, usw.)
4. Studienkosten und Ausbildungskosten
5. Bezahlung

z.B. Wohnung
Der Student muß für seine Wohnung zahlen.
Der Soldat wohnt umsonst in der Kaserne.
Der Student kann zu Hause, im Studentenheim oder in einer Wohnung wohnen.
Der Soldat muß in der Kaserne leben.

Wer fährt hier spazieren?

. . . und jetzt
üben wir unsere
Aussprache.
-Wiederholung-

Sprichwort des Tages:

Was ich selbst nicht tu', trau ich auch nicht anderen zu.
Allzeit fröhlich ist gefährlich, allzeit traurig ist beschwerlich, allzeit
glücklich ist betrüglich, eins ums andere ist vergnüglich.
Eintracht ernährt, Zwietracht verzehrt.

Zungenbrecher:

Drei bärtige Reiter reiten rasend über graue Berge an einem trüben
Morgen. Der Dritte war ein gar rauher Kerl und räusperte sich
kräftig.

Grammar Reminders

Zusammengesetzte Hauptwörter*

Erinnern Sie sich? Ganz gleich aus wie vielen Wörtern ein Hauptwort zusammengesetzt ist, das Geschlecht (*gender*) des letzten Hauptwortes bestimmt das Geschlecht des zusammengesetzten Hauptwortes.

> **z.B.**   der Dienst + die Zeit = die Dienstzeit
> das Auto + die Bahn + das Restaurant = das Autobahnrestaurant

Übungen

I. 1. Finden Sie das richtige zusammengesetzte Hauptwort.
    2. Verwenden Sie das zusammengesetzte Hauptwort in einem Satz
        oder in einer Frage.

> **z.B.**   a. der Grund/die Ausbildung = die Grundausbildung
> b. Wo hast du deine Grundausbildung gehabt?

Leben/Stil
Studenten/Heim
Studenten/Leben
Aufgabe/Haus
Marke/Brief
Reise/Scheck
Butter/Creme/Torte
Leben/Mittel/Geschäft
Wehrpflicht/Verweigerer

II. Ergänzen Sie die folgenden Wörter zu einem zusammengesetzten
    Hauptwort. Die meisten dieser Hauptwörter finden Sie in ver-

*Compound nouns

schiedenen Kapiteln dieses Buches. Für manche dieser Wörter gibt es mehr als eine Zusammensetzung. Finden Sie so viele Beispiele wie möglich. Vorsicht: Das letzte Wort eines zusammengesetzten Nomens gestimmt das Geschlecht (gender).

z.B. die Pflicht . . . = das Pflichtfash
      die . . . übung = die Waffenübung oder die Hausübung

1. die Mathematik . . .
2. der . . . scheck
3. das Gast . . .
4. das . . . fenster
5. der . . . ort
6. der Welt . . .
7. die Frauen . . .
8. die . . . berechtigung
9. das . . . sehen
10. das Wochen . . .
11. der Kriminal . . .
12. die . . . art
13. die . . . erhöhung
14. die Brief . . .
15. der Auto . . .
16. das Schlaf . . .
17. der . . . kamerad
18. die . . . vereinigung
19. die . . . gebühren
20. das Weihnachts . . .
21. der . . . tag
22. der Papier . . .
23. das Abend . . .
24. das . . . rennen
25. das Eiskunst . . .

Wortschatz

die **Dienstzeit**	time of service
der **Frieden**	peace
das **Kanonenfutter**	"cannon fodder"
die **Registrierungspflicht**	obligation to register
der **Staatsbürger, -**	citizen
die **Stellung, -en**	position
ab·schaffen, u, a	to abolish
aus·üben	here: to perform a job

erfordern	*to demand*
erreichen	*to reach, to achieve*
leisten	*to serve, to do*
nach·weisen, ie, ie	*to prove*
weiter·gehen, i, a	*to continue, go on*
allgemein	*universal*
angeführt	*stated, cited*
anstrengend	*strenuous*
ausgeschlafen	*well rested*
erschöpft	*exhausted*
gründlich	*thorough*
hingegen	*however*
mutig	*courageous*
unnütz	*unnecessary*
wesentlich	*essential*

KAPITEL 13

Die Schweizer Nummernkonten: Ein Dilemma im Bankgeschäft

„Was gut für die Schweizer Banken ist, ist gut für die Schweiz." Viele Schweizer—nicht nur Bankdirektoren—haben lange an dieses Motto geglaubt. Und warum auch nicht? Die Banken sind seit Generationen ein wichtiges und gutes Geschäft für dieses kleine, aber wohlhabende Land. Leute aus aller Welt legen ihr Geld auf Schweizer Banken. Für die Banken, die mit diesem Geld arbeiten, bringt das Profit. Aber dieses gute Bankgeschäft zeigt noch mehr: Nämlich das Vertrauen, das man in aller Welt zur Schweiz hat. Die Schweizer Banken und der Schweizer Franken sind zu einem Symbol wirtschaftlicher Stabilität geworden. Und das ist gewiß gut für dieses Land, sowohl für seine Banken als auch für das nationale Prestige. Wie kommt es dann, daß heute viele Schweizer dem obigen Motto mißtrauen?

Die sogenannten „Nummernkonten" spielen bei diesem Mißtrauen, das von Jahr zu Jahr größer wird, eine Rolle. Wer sind die Leute, die geheime Bankkonten in der Schweiz haben? Viele sind Ausländer, die ihr Geld in der Schweiz sicherer wissen als im Heimatland. Das mag zwar nicht sehr patriotisch sein, ist aber nicht unethisch. Gegen solche Kunden aus dem Ausland ist nicht viel zu sagen. Es gibt aber noch andere, die fragwürdiger sind: Steuerbetrüger, korrupte Politiker und Gangster aus vielen Ländern. Dies sind die Kunden, die heute vielen Schweizern Sorgen machen. Ja, sie sind ein moralisches Dilemma geworden, über das Schweizer Bankiers nicht gerne sprechen.

Ist ein Nummernkonto etwas Mysteriöses, etwas Illegales? Durchaus nicht. Es ist ein normales Schweizer Bankkonto—nur mit einem Unterschied: statt des Namens und der Adresse des Kontoinhabers findet man eine Nummer. Nur ein paar höhere Angestellte der Bank wissen, wem diese Konten gehören. Die Nummer schützt die Identität des Kontoinhabers. Aber vor wem?

Heute vor jedem, der wissen möchte, wem das Konto gehört. Aber ursprünglich waren diese Nummernkonten ein Schutz für deutsche Juden, die während der Nazizeit ihr Geld in die Schweiz schickten. Solche „Kapitalsflucht" aus Hitlers Reich war streng verboten. Gestapoagenten zeigten großes Interesse für Schweizer Bankkonten. Die Nummernkonten machten es den Nazis schwer, Kapitalflucht zu beweisen. Was damals Juden vor den Nazis schützte, schützt heute auch Verbrecher aus aller Welt. Es ist daher kein

Wunder, daß man dieses Bankgeheimnis sowohl im Ausland als auch in der Schweiz scharf kritisiert. Man weiß nur zu gut, daß fragwürdige Kunden dieses Geheimnis mißbrauchen. Wie kann ein Land, in dem man Moral und Ehrlichkeit respektiert, solchen Mißbrauch erlauben? fragen die Kritiker im In- und Ausland. Geht hier Geschäft über Moral?

Schafft die Nummernkonten ab, fordern viele ausländische Regierungen. Oder erlaubt wenigstens, sie zu sehen, wenn dies notwendig ist. Nur dann kann man Steuerbetrüger und Gangster dorthin bringen, wohin sie gehören: hinter Gitter.

Die „Gnomen von Zürich", wie ein britischer Minister die Bankiers in der Zürcher Bahnhofstraße nannte, hören solche Forderungen nicht gern. Nach langen Verhandlungen erlaubt man jetzt den Vereinigten Staaten einen Einblick in solche Nummernkonten. Aber nur dann, wenn die US-Regierung beweisen kann, daß „organisiertes Verbrechen", also das Syndikat, seine Hand im Spiel hat. Diesen Beweis zu erbringen, ist sehr schwer, ja oft unmöglich. Warum schützt man auch fragwürdige Kunden? Ein führender Schweizer Bankier, der gegen die Abschaffung der Nummernkonten ist, argumentiert: „Das Vertrauen der internationalen Finanzwelt in die Schweiz als Rechtsstaat und Finanzplatz würde erschüttert."

Machen es die Schweizer Bankiers dem Ausländer leicht, ein solches Konto zu eröffnen? Durchaus nicht. Sie überprüfen ihre Kunden sehr genau, besonders die fragwürdigen. Doch gerade diese haben längst gelernt, wie sie ihre Identität vor den Schweizer Banken schützen können: Sie verwenden oft Mittelsmänner.

Wer hat hier sein Geld?

Gewisse Kategorien von Verbrechern müssen vorsichtig sein, wenn sie ihr Geld in der Schweiz deponieren: zum Beispiel Rauschgifthändler. Sonst geht es ihnen wie dem Heroinhändler August Ricard. Dieser Herr Ricard hatte nicht mit den moralischen Skrupeln der Schweizer gerechnet, als er seine Millionenprofite auf das Konto 42301001 Y bei der „Union des Banques Suisses" legte. Sobald man den Schweizern bewies, wie er sein Geld verdient hatte, gab es für Ricard eine große Überraschung: Die Kantonskasse konfiszierte es. Sündengeld ist auch in den Schweizer Banken nicht sicher . . .

Activities

I. *Fragen*
   1. Warum legen viele Leute ihr Geld auf Schweizer Banken?
   2. Warum ist das Geld in Schweizer Banken angeblich sicherer als in anderen Ländern?
   3. Wie unterscheidet sich ein Nummernkonto von einem anderen Bankkonto?
   4. Wem gehören solche Nummernkonten?
   5. Was war der ursprüngliche Zweck der Nummernkonten?
   6. Was fordern heute viele ausländische Regierungen in bezug auf diese Konten?
   7. Wann darf die US-Regierung einen Einblick in gewisse Nummernkonten nehmen?
   8. Was machen die Schweizer Bankiers, bevor sie jemand(em) erlauben, ein Nummernkonto zu eröffnen?
   9. Wer war Herr Ricard?
   10. Was passierte mit ihm und seinem Geld?

II. Identifizieren wir . . . Erklären Sie mit ein oder zwei Sätzen:
   Wer ist (war) . . .
   Was ist (war) . . .
   Wer sind (waren) . . .
   Verwenden Sie Relativsätze.

   z.B. Was ist ein Nummernkonto?

   Ein Nummernkonto ist ein Konto, das keinen Namen, sondern nur eine Nummer hat.
   oder: Das ist ein Konto, das statt des Namens seines Besitzers nur eine Nummer trägt.
   oder: Das ist ein Konto, dessen Besitzer durch eine Nummer anonym bleiben will.

   1. die Schweiz
   2. ein Gangster
   3. „die Gnomen von Zürich"
   4. ein Steuerbetrüger
   5. die Zürcher Bahnhofstraße
   6. die Gestapo

7. Herr Ricard   **9.** ein Kunde

8. ein Bankier   **10.** eine Bank

III. Hier sind noch einige andere Wörter oder Ausdrücke, die zum Wortschatz der Bank- oder Finanzwelt gehören:

das Konto

das Sparkonto   das Scheckkonto

ein Konto bei (auf) einer Bank haben

ein Konto eröffnen, schließen (löschen)

ein Konto überziehen = nicht genug Geld auf dem Konto haben

der Kontoauszug = Mitteilung der Bank über den Stand des Kontos

Meistens erhält man einmal im Monat einen Kontoauszug.

der Scheck

das Scheckbuch oder Scheckheft

einen Scheck ausstellen (schreiben), unterschreiben

einen Scheck einlösen = Geld für einen Scheck bekommen

einen Scheck überweisen = Geld an jemanden schicken

einen Scheck sperren lassen = der Bank mitteilen, daß sie einen Scheck nicht einlösen soll

ein Scheck ist ungedeckt = man hat nicht genug Geld auf dem Konto

mit einem Scheck bezahlen

das Geld

das Bargeld, Wechselgeld, Kleingeld

Geld überweisen = Geld auf ein Konto einzahlen

Geld abheben = Geld von der Bank holen

bar bezahlen = man zahlt mit Geldscheinen und Münzen

eine Anleihe aufnehmen = sich Geld von einer Bank leihen

der Kredit

etwas auf Kredit kaufen = etwas, was man über eine bestimmte Zeit abzahlt

etwas auf Raten kaufen = monatlich (wöchentlich) etwas abzahlen

einen Betrag anzahlen = einen Teil des Kaufpreises beim Kauf bezahlen

die Zinsen—Zinsen bezahlen

          Zinsen bekommen

der Zinssatz—ein fluktuierender Prozentsatz, den die Bank bezahlt oder verlangt

IV. Beantworten Sie die folgenden Fragen in ganzen Sätzen.

1. Wie bezahlen Sie Ihre Rechnungen?

2. Was muß man vorweisen, wenn man einen Scheck einlösen will?

3. Was passiert, wenn man sein Konto überzieht?

4. Finden Sie, daß Eheleute ihr eigenes Scheckbuch haben sollten? Warum?

    5. Sind Sie der Ansicht, daß Studenten ihr eigenes Scheckbuch haben sollten? Warum?

    6. Glauben Sie, daß man monatlich einen bestimmten Geldbetrag sparen sollte? Warum?

    7. Sparen Sie für etwas Bestimmtes? Wofür?

    8. Wie denken Sie über das „bargeldlose" Bezahlen?

    9. Können Sie gut mit Geld umgehen? Erklären Sie Ihre Antwort.

    10. Wieviel Prozent Zinsen zahlen die meisten Banken heutzutage?

    11. Was kaufen die meisten Leute auf Raten?

    12. Wofür muß man meistens eine Hypothek aufnehmen?

    13. Was macht die Bank, bevor Sie Ihnen eine Hypothek gewährt?

    14. Falls Sie ein Scheckkonto haben, was machen Sie, wenn monatlich Ihr Kontoauszug kommt?

    15. Was würden Sie tun, falls Sie Ihr Scheckbuch verlieren würden?

V. Stellen Sie a) Fragen mit einigen neuen Ausdrücken.

    z.B. Bankdirektor = Was ist die Aufgabe eines Bankdirektors?

        b) Jemand in der Klasse beantwortet Ihre Frage.

    z.B. Ein Bankdirektor leitet eine Bank. Ein Bankdirektor ist für die geschäftliche Leitung seiner Bank verantwortlich.

Benutzen Sie diese Ausdrücke:
Sparkonto, Scheckbuch, Bargeld, Rate, Kontoauszug, Bankbeamter, Anleihe, Zinsen, überweisen

VI. Gehen wir noch einmal zu dem Artikel über die Schweizer Nummernkonten zurück. Inszenieren Sie ein Gespräch. Die Teilnehmer sind:

    1. ein Schweizer Bankdirektor

    2. eine Schweizerin, die gegen Nummernkonten ist

    3. ein Schweizer, der für die Nummernkonten ist

    4. ein ausländischer Geschäftsmann, der ein Nummernkonto eröffnen möchte

    5. ein Beamter des FBI, der einen Fall bearbeitet, in dem ein Schweizer Nummernkonto eine Rolle spielt

Die genannten fünf Personen nehmen an einer Debatte teil und werden von einem kritischen Publikum (der Klasse) interviewt. Jede dieser Personen begründet, warum er/sie für oder gegen ein solches Konto ist und wie sie dieses Problem sieht.

VII. Schreiben Sie einen Brief an eine Schweizer Bank, in dem Sie gegen die Nummernkonten Stellung nehmen. Sie beklagen sich darüber, daß Gangster, Diktatoren und korrupte Geschäftsleute aus aller Welt diese Konten mißbrauchen. Sie appellieren an die Ethik der Schweizer und fordern eine Aufhebung oder mindestens Änderung dieser Konten.

oder

Schreiben Sie einen Zeitungsartikel, in dem Sie für die Nummernkonten eintreten. Sie erklären darin, warum diese Konten auch heute noch notwendig sind.

Sprichwort des Tages:

. . . und jetzt
üben wir unsere
Aussprache.
-Wiederholung-

Erst der letzte Schritt bringt auf die Spitze des Berges.
Worte fliegen, Geschriebenes bleibt.
Der gerade Weg ist der beste.

Zungenbrecher:

Der faule Paul klaut blaue Pflaumen vom Baum.

Grammar Reminders

Relativpronomen

Die meisten Relativpronomen im Deutschen haben dieselben Formen wie die bestimmten Artikel (*definite articles*). Nur im Genitiv sowie im Dativ Plural gibt es andere Formen für die Relativpronomen.

	MASKULIN	FEMININ	NEUTRUM	PLURAL
Nominativ	der	die	das	die
Akkusativ	den	die	das	die
Dativ	dem	der	dem	denen
Genitiv	dessen	deren	dessen	deren

Wichtig: Relativpronomen und Relativsätze verlangen immer VL (*verb last*) Wortstellung!

z.B.
Der Mann, dessen Konto keinen Namen hatte, war ein Politiker.
Die Frau, deren Schweizer Konto geheim war, lebt in Beverly Hills.
Die Schweizer Banken, von denen er sprach, erlaubten geheime Nummernkonten.

Relativpronomen können auch mit Präpositionen verwendet werden.

z.B.
Der Bankier, von dem er erzählte, war ein Franzose.
Die Familie, bei der ich wohnte, lebt in Zürich.

Die Bank, für die ich arbeite, heißt State Savings Bank.
Die zwei Schweizer, an deren Namen ich mich nicht erinnere, sind jetzt Bankiers in Basel.

<u>Wo</u> und <u>wo</u>+Präpositionen können auch als Relativpronomen fungieren.

z.B.
Dort ist das Restaurant, wo (statt: in dem) wir gegessen haben.
Ich weiß nicht, worüber Fritz heute sprechen will.

<u>Wer</u> und <u>was</u> sind unbestimmte (*indefinite*) Pronomen, die auch als Relativpronomen verwendet werden.

z.B.
Er macht, was er will.
Ich heirate, wen ich will.

Übungen

I. Setzen Sie das passende Relativpronomen ein.

1. Wer sind die Leute, _____ Nummernkonten haben?

2. Wie heißt die Bank, in _____ man die höchsten Zinsen bekommt?

3. Sehr reiche Leute sind oft Kunden, von _____ Nummernkonten gewünscht werden.

4. Es war das Konto eines Rauschgifthändlers, _____ Konto von den Schweizern konfisziert wurde.

5. Kennen Sie ein Land, _____ immer neutral geblieben ist?

6. Deutsche Juden, _____ Geld man vor den Nazis schützen wollte, bekamen die ersten Nummernkonten.

7. Ein junger Schweizer, _____ Namen mir nicht bekannt ist, hat einen Artikel über dieses Problem geschrieben.

8. Der Gangster, _____ dieses Geld gehört, ist aus den Vereinigten Staaten geflohen.

9. Nur wenige Angestellte der Bank wissen, _____ diese Konten gehören.

10. Wie heißt der Kunde, _____ Sie meinen?

11. Ich weiß nicht, _____ der Professor heute sprechen wird.

12. Das Schönste, _____ ich in der Schweiz gesehen habe, war das Matterhorn.

II.   Verbinden Sie die zwei Sätze, indem Sie einen Relativsatz verwenden.

   z.B.   Kennen Sie Herrn Brehm? Er arbeitet hier.
              Kennen Sie Herrn Brehm, der hier arbeitet?

   1.   Wer sind diese Leute? Sie legen ihr Geld auf Schweizer Banken.
   2.   Dort sitzt der Bankdirektor. Ihm gehört diese Bank.
   3.   Dieser Mann ist ein Steuerbetrüger. Die Polizei wartet schon auf ihn.
   4.   Brunos Bruder spricht gut Deutsch. Er hat lange in Österreich gelebt.
   5.   Karls Bruder spricht Französisch. Sein Vater stammt aus Elsaß-Lothringen.
   6.   Wo ist das Geld? Er hat es gespart.
   7.   Viele deutsche Juden lebten nach 1933 in der Schweiz. Ihr Geld schützte man in Nummernkonten.
   8.   Ja, das ist der Bankier. Wir kennen ihn gut.

III.   Ergänzen Sie (*complete*) diese Sätze mit einem Relativsatz. Verwenden Sie außer dem Relativpronomen auch eine Präposition, wenn es paßt oder notwendig ist.

   1.   Ich habe kein Konto, . . .
   2.   Meine Bank, . . .
        erlaubt keine Nummernkonten.
   3.   Der Heroinhändler August Ricard, . . .
        verlor sein Geld.
   4.   Wir kennen ein Land, in . . .
   5.   Wir wissen nicht, . . .
   6.   Ein führender Schweizer Bankier, . . .
   7.   Im Zweiten Weltkrieg flüchteten viele Juden aus . . .
   8.   Erika macht immer, . . .
   9.   Wer nicht für sie ist, . . .
   10. Am liebsten hätte ich ein Konto, . . .

IV.   Auf deutsch, bitte.

   1.   I don't know any bank which doesn't like profits.
   2.   Who is the teacher with whom you studied German?
   3.   Where is the money which I gave you?
   4.   They were Jews who fled from the Nazis.
   5.   This is the man who has lots of money.
   6.   There is the restaurant where I met her.
   7.   I don't know what the future will hold (bring).
   8.   He told me for what he needs the money.
   9.   There are customers whom the banks can't trust.
   10. He is a corrupt politician whom everybody knows.

Wortschatz

die **Abschaffung**	*abolishment*
der **Ausländer, -**	*foreigner*
der **Bankier, -s**	*banker*
der **Bankdirektor, -en**	*bank president*
das **Bankgeheimnis, -se**	*bank secret, banker's discretion*
das **Bankgeschäft, -e**	*bank business*
das **Bankkonto, -konten**	*bank account*
der **Beweis, -e**	*proof*
die **Ehrlichkeit**	*honesty*
der **Einblick, -e**	*insight*
die **Finanzwelt**	*financial world*
der **Franken, -**	*Swiss Franc*
das **Gitter, -**	*(iron) bars (here: in a prison)*
das **Heimatland**	*native country*
der **Heroinhändler, -**	*heroin dealer*
der **Jude, -n**	*jew*
die **Kapitalsflucht**	*flight (loss) of capital*
die **Kategorie, -n**	*category*
das **Konto, Konten**	*account*
der **Kontoinhaber, -**	*owner of an account*
der **Kunde, -n**	*customer*
der **Mißbrauch, ̈e**	*abuse*
das **Mißtrauen**	*distrust*
der **Mittelsmann, ̈er**	*intermediary, go-between*
das **Nummernkonto, -en**	*number account (without name)*
der **Rauschgifthändler, -**	*drug dealer*
der **Rechtsstaat, -en**	*constitutional state*
die **Regierung, -en**	*government*
der **Schutz**	*protection*
der **Skrupel, -**	*scruple*
die **Sorge, -n**	*worry*
der **Steuerbetrüger, -**	*tax evader*
das **Sündengeld**	*"illgotten" money*
der **Verbrecher, -**	*criminal*
die **Verhandlung, -en**	*negotiation*
das **Vertrauen**	*trust, confidence*
ab·schaffen	*to abolish*
argumentieren	*to argue*
deponieren	*to deposit*
erlauben	*to permit, allow*

erschüttern	to shatter
konfiszieren	to confiscate
mißbrauchen	to abuse
mißtrauen	to distrust
überprüfen	to check out
vorweisen, ie, ie	to show
damals	then, at that time
fragwürdig	questionable
führend	leading
geheim	secret
genau	careful(ly)
nämlich	namely
notwendig	necessary
scharf	severe, sharp
sobald	as soon as
sonst	otherwise
sowohl . . . als	as well . . . as
streng	strict(ly)
unethisch	unethical
unmöglich	impossible
vorsichtig	careful
wirtschaftlich	economic(ally)
wohlhabend	well-to-do
zwar	to be sure, surely
aus aller Welt	from all over the world
Beweis erbringen	to furnish proof
die Hand im Spiel haben	to be involved
durchaus nicht	not at all
es geht ihnen wie . . .	they will fare as . . .
kein Wunder . . .	no wonder . . .

Und zum Schluß: Lachen Sie mit!

Wir wollen unser Konversationsbüchlein mit Humor abschließen. Es gibt Leute, die sagen: „Die Deutschen haben keinen Humor". Aber das stimmt nicht. Die kleine Auswahl von Witzen aus deutschsprachigen Ländern soll Sie davon überzeugen.

Hier gibt's nichts mehr zu lernen oder zu üben. Sie sollen nur lachen oder wenigstens lächeln und Spaß haben.

stingy
slip of paper
spit

Fritz sitzt im Hofbräuhaus und trinkt sein Bier. Er wird ans Telefon gerufen. Fritz ist ein geiziger° Mensch, und er hat Angst, daß jemand sein Bier trinkt, während er telefoniert. Schnell schreibt er auf einen Zettel°: „Ich habe hineingespuckt°".

Als er vom Telefon zurückkommt, steht auf dem Zettel noch etwas: „Ich auch."

Der paßt auch gut auf sein Bier auf.

precisely

Herr Milde sitzt im Zug am offenen Fenster. Der Mann ihm gegenüber kaut Tabak. Plötzlich spuckt er haarscharf° an Herrn Mildes Gesicht vorbei aus dem Fenster.

target spitter

Der Mann: „Keine Angst, mein Herr, ich bin Zielspucker° von Beruf".

forehead

Herr Milde nimmt auch Kautabak und spuckt dem Herrn mitten auf die Stirn.° „Entschuldigen Sie bitte, bin leider Anfänger."

voice

Der Gesangslehrer hat keine hohe Meinung von der Stimme° seines Schülers.

Schüler: „Es tut mir leid, daß Sie von meiner Stimme nichts halten. Meine Nachbarn sagen sogar, daß ich in Italien studieren sollte."

Lehrer: „Das würde ich Ihnen auch raten, wenn ich Ihr Nachbar wäre."

behaved badly

Der kleine Fritz hat sich in der Schule schlecht benommen°.

Lehrerin: „Fritz, du bleibst heute nach der Schule noch eine Stunde hier."

Fritz: „Na, schön. Mir ist's ja egal, was die Leute von uns denken."

In einem Restaurant.

Kellner: „Hoffentlich hat es Ihnen geschmeckt."

Gast: „Na, ich habe schon besser gegessen."

Kellner: „Das ist schon möglich, aber nicht hier."

employee

Der Chef ist mit seinem neuen Angestellten° Otto sehr unzufrieden. Otto ist sehr langsam.

Chef: „Sagen Sie mal, gibt es bei Ihnen nichts, was auch schnell geht? Sie reden langsam, Sie arbeiten langsam, und Sie denken langsam."

Otto: „Oh ja, ich werde schnell müde."

Interview mit einem Politiker.

Journalist: „Darf ich Sie um ein Interview bitten?"

Politiker: „Ich habe nichts zu sagen."

Journalist: „Schade, ich hoffte, wir könnten unseren Lesern etwas Neues berichten."

Gespräch an der Berliner Mauer.

Westberliner: „Weißt du, wir leben in einer Demokratie. Wir dürfen alle

government

Zeitungen lesen und wir können auch auf unsere Regierung° schimpfen. Und niemand tut uns etwas."

Ostberliner: „Bei uns ist es genau so. Wir dürfen auch unsere Zeitungen lesen. Und auf e u r e Regierung dürfen wir auch schimpfen."

Ilse sagt zu ihrem Freund Bernd nach einer Einladung: „Du, ich will ja nicht sagen, daß deine Mutter schlecht kocht. Aber ich weiß jetzt, warum deine

prays

Familie vor jedem Essen betet°."

Herr Müller hat ein Zimmer bei Frau Schiller. Sie gibt ihm seine Post. Herr Müller: „Aber Frau Schiller, dieser Brief ist schon vor einer Woche hier angekommen. Warum bekomme ich ihn erst heute?"

Frau Schiller: „Aber das macht doch nichts, Herr Müller, Ihre Freundin kommt doch erst übermorgen."

Deutscher Tourist im Central Park in New York. Ein Mann spricht ihn auf deutsch an.

„Entschuldigen Sie bitte. Haben Sie vielleicht hier einen Polizisten gesehen?"

„Nein."

wallet

„Gut. Dann geben Sie mir mal schnell Ihre Brieftasche°, Ihre Uhr und Ihren Ring."

Unsere Freunde kommen von ihren Ferien zurück. „Wie waren eure Ferien?" „Furchtbar. Wir hatten Zimmer 100 in unserem Hotel." „Na, und? Was war da so furchtbar?" „Die Nummer 1 ist immer wieder vom Türschild

fell off

abgefallen°."*

*In Germany a door with the numbers 00 means Toilette.

Anhang

Schlüssel und Vorschläge

This section of the book provides certain factual information and some additional ideas which may be helpful to the user of this text.

Einführung

p. 7 **I.**—additional reasons for studying German:
To read professional journals and books in my own field/ to be able to communicate with visitors from Germany, Austria, or Switzerland/ to get a summer job in a German-speaking country

p. 7 **II.**—additional questions:
Why he/she selected this German course/ where one can get the books for this class/ if he/she knows how long the bookstore is open today

p. 7 **III.**
About his/her professional training/ his or her difficulties in German/ which kind of classes he/she likes to teach/ suggestions how to study German/ how to prepare for study abroad/ the best time to take a trip to Germany, Austria, or Switzerland

pp. 7–8 **IV.**

1. In der Bundesrepublik; in der Deutschen Demokratischen Republik; in Österreich; in 22 der 26 Kantone der Schweiz; in Liechtenstein; in vielen Teilen Südtirols (gehört seit 1918 zu Italien)

3. 117 Millionen

4. a. 62 Millionen b. 17 Millionen c. 7 Millionen
   d. 3.8 Millionen (deutschsprachige Schweizer)
   e. 20.000

6.* Plattdeutsch, Friesisch, Fränkisch, Sächsisch, Alemannisch, Hessisch

7.* Wienerisch, Steirisch, Kärntnerisch, Salzburgerisch, Vorarlbergerisch, Tirolerisch

   Zürichdeutsch, Bernerdeutsch, Glarnerdeutsch, Appenzellerdeutsch

*This is not a complete list of dialects, just a selection.

Kapitel 1

p. 16 **IV.**

2. Tennis (sports) keeps me fit/ makes me feel good/ painting, fishing, etc. is relaxing/ good for the nerves/ photography, collecting stamps, etc. is interesting/ teaches me something about other people, other countries

pp. 16–17 **VI.**

a. Briefmarken   b. Sport   c. Pflanzen/Gartenarbeit
d. Geld/Nachbarn/Krankheiten   e. die Auszeichnung
f. höflich/beliebt   g. entworfen/beschrieben
h. basteln/lesen

Kapitel 2

pp. 27–28 D

3. a. International Driver's License; for Americans a valid US driver's license will suffice provided they don't stay longer than three months in Germany or Austria.
    b. In general, there is no speed limit on most *Autobahnen* unless specifically posted. Most *Bundesstraßen*: 100 km/h; cities and villages: between 30–50 km/h.
    c. 18 years of age.
    d. Inform yourself about such matters as: traffic laws and regulations, valid driver's license, car papers, insurance, service stations, gasoline prices, motels and hotels, road maps.

p. 28 **II.**

1. a.   2. a.   3. a.   4. a. und b.   5. b.   6. b.   7. a. und b.   8. a.   9. a.   10. b.

Kapitel 3

p. 34 **I.**

1. Since last fall/ I arrived this Thursday/ five days
2. Until August/ only three more days/ four weeks
3. No, never/ this is my first time/ a long time ago as a child
4. An invitation by a friend/ I want to study at the university of . . ./ my interest in German politics/ I received a scholarship
5. Everything is so clean/ people are so friendly/ I like your pedestrian zones in the cities/ I wish I could stay longer
6. It's good, but too many calories/ your coffee is very strong/ I like your bread and your cold cuts/ too many potatoes/ oh, these pastries/ you have so many different soups

7. The people/ the little villages/ the mountain valleys/ politics/ the shops/ the railway system/ the schools/ the universities/

8. Quite chilly at times/ it's about the same as at home/ it's cooler than at home/ not enough sunshine/ hope it stays that way

p. 36 **VI**

1. geschieden, verwitwet 2. ledig 3. die meiste Zeit, fast immer 4. auswandern, in ein anderes Land ziehen 5. einwandern, nach . . . kommen 6. wirklich, in der Tat 7. erzählen, einen Bericht erstatten 8. sprechen, ein Gespräch führen 9. erklären, klar machen, erläutern 10. gesund sein, nicht kränklich sein, sich gesund fühlen 11. anschauen, ansehen 12. machen, tun 13. aufwachsen 14. das ist nicht richtig 15. eine Frage stellen

Kapitel 4

p. 44 **V.**

Radio and television keep me informed/ influence my daily schedule/ interfere with my studies/ often annoy me/ make life more interesting/ tell me about sales and new products/ I watch TV often with my friends/ I stay home more often

Kapitel 5

p. 51 **I.** c.

p. 52 **II.** c.

p. 53

2. not getting the expected call (letter) from a friend/ not receiving a stipend/ not getting a tax refund/ an invitation to a party

p. 53 **III.** d.

1. a. to clean the apartment/ mow the lawn/ wash the car/ fill out our income tax/ answer letters/ take back a library book

p. 54 **IV.** c.

2. A child ran out from between two parked cars, but my car did not hit him/her/ I drove too fast, but the policeman only gave me a warning

3. I am grateful/ I am more careful/ I slow down/ I embrace someone/ I become more generous/ I write in my diary

p. 54 **V.** d.

pp. 56–57 **VII.**

a. to have a lot of money

b. to live from one day to the next

    c. to do nothing, to be lazy
    d. to stand up for someone
    e. to play the leading role, to dominate
    f. to be informed
    g. to lose the thread (of thought)
    h. to pull someone's leg
    i. to overlook something on purpose, to tolerate something
    j. to be slow in grasping something
    k. to lose one's patience, to become angry

Kapitel 6

p. 63 **III.**

    1. a. When do you have to register?/ What do you have to do? Can you do it by mail or do you have to be there in person?

        b. How much is it? What scholarships are available?/ What's the pay schedule?

        c. Which are your required courses (for your major)?/ How many electives can you take?/ What about seminars and labs?/ Is there a time limit for your studies?

        d. What kind of exams do you have?/ When do you have to take exams?/ Are your exams oral or written?/ Who gives the exams?/ Who corrects them? What kind of grades do you have?/ What happens when you fail an exam?

        e. Who teaches most of your courses? Professors or Teaching Associates?/ How do you feel about the faculty at your university?/ How many office hours do your professors have?/ What is the ratio between male and female faculty?

        f. How much does it cost to live in a university dormitory?/ How are the rooms in your dormitories? Describe them/ What don't you like about dormitories? What are the advantages living in a dorm?/ Do you have to sign a lease?/ Can you select your own roommate(s)?/ How do you get along with your roommate(s)?

        g. Do you have fraternities and sororities at your university?/ Do students today prefer to live in a dorm or off-campus?/ Do you have a student government and student representatives at your university?/ What kind of activities or events are organized for students?/ How do students feel about foreign students?/ What's the main difference between "work-students" (Werkstudenten) and students who do not hold a job?

p. 65 **4.** (See p. 64, IV, 1. and 2. for statements)

    1. a. I was happy/surprised/astonished/ I celebrated/ called my parents

        b. Thanked her/ wrote her a letter/ phoned her/ sent her flowers

    c. Moved immediately/ informed my landlord/ looked for furniture
    d. Accepted at once/ wrote a letter of acceptance/ had to turn it down/ called the employer/ told my girl (boy) friend
    e. Thanked him/ bought him a present/ told my parents

2. a. Yelled "quiet!!"/ took sleeping pills/ became angry
    b. Took aspirin/ didn't want to get up/ stayed at home
    c. Called myself . . ./ washed my pants/ took pants to the cleaner/ poured myself another cup of coffee
    d. Was afraid/ became angry/ wanted to protest, but said nothing/ walked out/ did my best
    e. Tore up the ticket/ called the police/ was annoyed/ saw the policeman and tried to explain/ paid the ticket
    f. Called my landlord/ wrote a letter of protest/ looked for another apartment/ became depressed
    g. Was disappointed/ made other plans/ tried to persuade my friend/ told my parents

Kapitel 7

p. 77 **VI.**

    1. A person *is* what he/she eats.
    2. Too many cooks spoil the meal. Excessive division of labor can be counterproductive.
    3. The way to a man's heart is through his stomach.
    4. Salt and bread make rosy cheeks, i.e. simple food keeps you healthy.
    5. Hunger is the best cook. When you are hungry, everything tastes good.
    6. Peasants don't like to eat what they don't know.
    7. Like father, like son.
    8. Promised berries don't fill the basket. Promises are not enough.
    9. It's easy to praise fasting when your stomach is full.
    10. What you eat yourself makes you fat.
       (Look out for "number one")

Kapitel 8

p. 82 **I.**

    1. I would congratulate him/ avoid the subject of money/ ask him how he won/ talk about my favorite charity
    2. Ignore all request letters/ answer a few/ hire a secretary/ send money to some people

3. Write to the government/ talk to the woman/ be angry/ be understanding
4. Be annoyed/ accept the invitation and say nothing/ decline the invitation/ congratulate him/ suggest . . .
5. Apologize/ explain why I forgot/ promise never to forget again/ buy an expensive gift

p. 83 **III.**

2. selten/ sich freuen/ einnehmen/ aufhören/ heute/ verkaufen/ vergessen/ abstreiten, leugnen/ die Regel/der Dienst, die Arbeit/ der Feind/ vor langem, vor langer Zeit/ falsch

p. 84 **IV.**

1. sich anschauen. 2. mitmachen 3. spielen Toto, Lotterie 4. reich machen, Gewinn bringen 5. das große Los ziehen 6. sich oft schreiben, viel korrespondieren 7. tun, machen 8. bringen 9. zusammen

p. 84 **V.**

a. Take a trip together/ visit them, call them/ invite them
b. Win/ give it as a gift/ buy one
c. Throw them away/ ignore them/ answer them
d. Buy a lot of things/ give money to other people/ put money in the bank
e. Ride them/ bet on them/ enjoy them/ watch them/ train them
f. Shop/ browse around/ compare prices/ examine merchandise/ get advice from the salesperson
g. Give it to charity/ retire early/ make other people happy/ pay a lot of taxes

Kapitel 9

p. 91 **I.**

1. Feel hot, dizzy, nauseated/ have a headache, a runny nose/ fever
2. For major operations/ infectious diseases/ special tests
3. Broken arm, leg, back, torn ligaments
4. Measles, mumps, whooping cough
5. Stay in bed and rest/ drink a lot of fluids/ take aspirin
6. Cancer/ common cold/ certain diseases of the nervous system
7. smoking
10. *Pro:* Avoids heart attacks/ prolongs life/ allows physical activities
    Con: Don't want any operations/ don't trust it/ too artificial

p. 92 **II.**

1. *Pro:* Inexpensive/ convenient/ right on campus/ doctors and nurses understand students' needs
    Con: Long waits/ very impersonal

2. Elimination of many diseases/ new life-saving operations/ development of new serums
3. *Pro:* Saves and lengthens lives/ helps other sick people
   Con: Not enough donors/ difficult decision who gets the organs and who not/ body often rejects new organ/ too expensive
4. Hospitals and doctors charge too much/ poor organization / too much greed/ expensive tests/ people abuse insurance coverage
5. There is more specialization in medicine today/ specialists earn more
6. Live healthier/ be active/ engage in sports/ eat the right food—and not too much/ have regular check-ups/ don't smoke/ sleep enough

Kapitel 10

p. 97 **I.** Salzburg

pp. 97–98 **1.** a. Wolfgang Amadeus Mozart b. Sound of Music c. go to concerts/ see the many churches/ attend the Festivals d. das Salz = salt, die Burg = fortress

3. a. Johann Strauß (1825–1899), composer, known as the "Walzerkönig" („An der schönen blauen Donau", „Der Kaiserwalzer")

b. Ernst Mach (1838–1916), physicist and philosopher (Mach number)

c. Franz Kafka (1883–1924), writer, („Der Prozeß", „Das Schloß," „Die Verwandlung")

d. Franz Schubert (1797–1828), composer, known as the „Liederkönig" („Die Winterreise"), chambermusic („Der Tod und das Mädchen"), symphonies („Die Unvollendete")

e. Josef Haydn (1732–1809), creator of the classical symphony, oratorio („Die Jahreszeiten"), string quartets („Das Kaiserquartett")

f. Berta von Suttner (1843–1914), writer and pacifist („Die Waffen nieder"), Peace Nobelpreis 1905

g. Kurt Waldheim (1918–), diplomat, Secretary General of the United Nations (1970–1980)

h. Karl Böhm (1894–1982), conductor, Music Director of the Vienna State Opera, Vienna Philharmonic

i. Siegmund Freud (1856–1939), psychiatrist, founder of psychoanalysis

j. Wiener Sängerknaben, oldest boys choir in the world (founded in the 16th century)

k. Die Spanische Hofreitschule, famous riding school, white Lipizzaner horses

l. Das Burgtheater, the national theater company of Austria, one of the best in the German-speaking world

m. Die Wiener Staatsoper, state opera of Austria, famous opera house destroyed during World War II (1944), reopened in 1955

n. Schloß Schönbrunn, baroque castle and summer residence of the Habsburg family outside of Vienna

o. Der Prater, amusement park of Vienna (Riesenrad, giant Ferris wheel)

p. Der Stefansdom, gothic cathedral in Vienna, 169 meter high

q. Dirndl, Austrian and Bavarian dress for women

r. Innsbruck, capital of Tyrol, Winter Olympics 1964 and 1976

s. Wien, capital of Austria, residence of many German emperors during the Middle Ages.

p. 98 **II.** Münchner Oktoberfest

a. Millions of visitors/ lots of beer, bands, and „Gemütlichkeit"

b. „In Munich do as the Münchner do"/ I would . . ./

c. People listen to performances of bands, choirs, comedians/ sit in tents and talk/

pp. 100–101 **III.** Olympische Flamme

1. a. The Olympic Games

b. The first ancient games were held in 776 B.C.; the modern Olympic games began in 1896

c. Los Angeles, Berlin, Helsinki, Moscow, London, Munich, Rome, Melbourne

d. Peaceful competition and cooperation among athletes of all nations. Participation in such games is more important than winning

3. Federgewicht/ Leichtgewicht/ Mittelgewicht/ Schwergewicht/ Rückenschwimmen/ Brustschwimmen/Butterfly/ Kraulen

pp. 101–102 **IV.** Kölner Dom

1. a. Gotik (gotischer Baustil) d. Renaissance/ Barock/Rokoko/ Klassik

p. 103 **V.** Das Matterhorn

p. 104 **VI.** Explosion einer Atombombe

1. e. Hiroshima, Nagasaki

p. 105 **VII.** Die Berliner Mauer

p. 106 **1.** a. DDR point of view: a) To keep out saboteurs
b) to prevent criminals from fleeing
BRD point of view: a) To prevent DDR citizens from fleeing to the West;
b) to prevent free and unobstructed contacts between the citizens of both Germanies

b. Division of Germany

e. Heavily guarded, "death zones," mine fields, barbed wire, watch towers, dogs

Kapitel 11

p. 113 **I.**

    1. a. Walk out (Leave)/ give another speech/say nothing/make a contribution/ be angry

       b. Impolite/unfair

       c. We need more energy/economical/"clean" fuel/oil and gas reserves limited

       d. Dangerous/ no place to put "Atommüll"/ unsafe/ hurts environment/ danger of sabotage

p. 114 **II**

    1. a. It's against the law/ don't protect drunk drivers/ drunk drivers can kill people/ it's bribery

       b. Felt sorry for the guy/ give him another chance/ persuaded me/ didn't want him arrested

       c. Would have lost my driver's license/ was afraid/ was only the first time/ didn't hurt anyone/ won't do it again

       d. Had a police record/ had been arrested for drinking before/ had a secret date with the "other" woman/ had stolen the car

pp. 114–115 **III**

    1. a. *Pro:* Don't want to leave him alone/ Want to get him to a doctor
           Con: Could injure him even more/ I may have a heart attack

       b. *Pro:* Would keep us both warm/ fire may attract help
           Con: Would lose time/ Gerhard won't get medical attention

       c. *Pro:* May bring help
           Con: May be in vain/ time lost

       d. *Pro:* Could avoid "Schüttelfrost"/ comforts patient
           Con: Could cause additional pain

       e. *Pro:* Sure way to get help
           Con: Injured friend would be alone/ has no help if needed/ I could get lost or injure myself

    3. a. Bad weather/ injuries/ exhaustion/ getting lost/ rolling stones (Steinschlag)

       b. Prepare trip carefully/ discuss trip with experienced hikers or climbers/ read literature on subject/ read signs/ study maps/ have right equipment/ have warm clothes with you

       c. Sick person/ person in poor physical condition (unfit)/ person who doesn't like to hike or climb/ person who is afraid of heights/ person who always complains

pp. 115–116 **IV**

    1. Be shocked/ surprised/ embarrassed/ try to explain/ give reasons for changed plans/ be angry

    2. By keeping original plans/ not accepting the invitation/ informing friend of changed plans/ by being honest to all people involved

p. 117 **V**

    1. a. Tell him what happened

      b. Not to hurt the friend/ too embarrassed/ don't know how to tell him

      c. Return stolen merchandise/ stop stealing/ will tell Jim and the manager

      d. Manager needs to know/ theft cannot be excused/ protect company and customer

      e. Needed the money/ didn't take anything expensive/ store won't miss it

      f. Would fire Jane/ would be angry/ would scold her, but give her another chance/ would notify the police

p. 118 **4.** a. derzeit/ Stelle, Arbeit b. sehen/ am Abend c. fortgehen/ 17 Uhr d. reden, sich unterhalten/ Firma e. nicht wissen/ sein

p. 119 Grammar Reminders

    II. reagieren auf: Reaktion auf
    halten von: denken über
    sich verstehen mit: befreundet sein mit
    teilnehmen an: mitmachen bei
    sich erinnern an: nicht vergessen
    bitten um: ersuchen um
    sich unterhalten mit: sprechen (reden) mit
    sich freuen auf: nicht warten können auf
    ersticken an: keine Luft bekommen, an Luftmangel sterben
    sich bedanken für: Dank sagen für
    antworten auf: erwidern
    sich vorbereiten auf: studieren für, Vorbereitung treffen für
    einwandern nach: immigrieren
    sich einigen über: sich einig sein
    sich ärgern über: ärgerlich sein über, Ärger haben
    sich bewerben um: ansuchen um
    diskutieren über: sprechen über, sich unterhalten über

Kapitel 12

p. 123 **III.**

    gut: schlecht/ beliebt: unbeliebt/ verboten: erlaubt/anstrengend: leicht, mühelos/ schwer: leicht/ langweilig: interessant/ unnütz: notwendig/ schrecklich: wunderbar/ müde: frisch/ gründlich: schlampig/ fähig: unfähig/ mutig: feig/ undemokratisch: demokratisch/ un-

dispipliniert: diszipliniert/ hungrig: satt/ ausgeschlafen: unausge-
schlafen/ erschöpft: frisch/ nüchtern: betrunken

Kapitel 13

pp. 132–133 **IV.**

1. In cash/by check/ with credit card/in installments
2. Identification/driver's license/credit card
3. Pay penalty/receive letter from bank/must deposit more money in account
4. /5. No suggestions here . . . we could get into trouble!
6. Save money for emergencies/ have money for special wishes
7. Car/computer/TV set/ college tuition/ furniture
8. It's dangerous—one spends too much/ convenient
9. Keep good records/ watch expenses/no, spend too much
10. ?
11. Car/furniture/rug/washing machine
12. House/land/farm
13. Check your credit rating/ ask about income/job/residence
14. Check it/ look for mistakes/call bank for information
15. Call bank/ stop account/ look for book everywhere/go to all places where I may have lost it

p. 133 **VI.**

1. Explains what numbered accounts are for/why his bank has such accounts/ how bank guards itself against abuse of such accounts
2. Tells panel why such accounts give Switzerland a bad name/ such accounts shield the wrong people/ appeals to Swiss banks to abolish such accounts
3. Feels that Switzerland has a right to run its banking business as it pleases/ stresses the trust people have in Swiss bank accounts
4. Wants his money protected/ tells of lack of stability in his country/points out that his money will help Swiss economy/ says that there is nothing illegal about such an account
5. Tells people that such accounts also protect gangsters and political dictators/ explains why U.S. government needs information about these accounts in order to fight crime

Bedeutung der Sprichwörter*

Einführung

Aller Anfang ist schwer.	*All beginnings are difficult.*
Guter Anfang ist halbe Arbeit.	*A good beginning is half the work.*
Selbst getan, ist bald getan.	*The fastest way to get anything done is to do it yourself.*
Erst die Last, dann die Rast.	*First work, then rest.*

Kapitel 1

Ehrlich währt am längsten.	*Honesty lasts longest.*
Erst sehen, dann reden.	*First look, then talk.*
Leben wirkt mehr als Lehre.	*Experience is the better teacher.*
Besser ein Ende mit Schrecken als ein Schrecken ohne Ende.	*Better an end with terror (a terrible end) than terror without an end.*

Kapitel 2

Not kennt kein Gebot.	*Need knows no law.*
Borgen macht Sorgen.	*Borrowing brings worries.*
Morgenstund' hat Gold im Mund'.	*The early bird gets the worm.*
Man soll den Tag nicht vor dem Abend loben.	*One should not praise the day till evening.*

Kapitel 3

Irren ist menschlich.	*To err is human.*
Schnelle Hilfe, doppelte Hilfe.	*Quick help is double help.*
Stille Wasser sind tief.	*Still waters run deep.*
Blick erst auf dich, dann richte mich.	*Look at your own faults before you judge mine.*

Kapitel 4

Ende gut, alles gut.	*All is well that ends well.*
Es ist keiner so klug, er findet keinen Klügeren.	*No one is so smart that he cannot find someone smarter.*
Froher Mut tut allzeit gut.	*A happy disposition is always welcome.*

*Proverbs

Kapitel 5

Höfliche Worte vermögen viel und kosten wenig.	*Polite words can do much and cost little.*
Ein kleines Wölkchen verbirgt oft die strahlendste Sonne.	*A small cloud often hides the brightest sun.*
Versprochene Beeren füllen die Körbe nicht.	*Promises alone mean nothing.*

Kapitel 6

Würden sind Bürden.	*Honors are burdens.*
In der Kürze liegt die Würze.	*The shorter the better.*
Das Glück hat Tück.	*Luck can be treacherous.*
Frühe Saat trügt oft.	*He who sows early reaps little.*

Kapitel 7

Was lange währt, wird gut.	*Those things which take long to accomplish turn out well.*
Jedes Häslein findet sein Gräslein.	*Every pot has its lid.*
Jeder Krämer lobt seine Ware.	*Every shopkeeper praises his goods.*

Kapitel 8

Vorgetan und nachgedacht hat oft schon großes Leid gebracht.	*Doing before thinking often results in great suffering.*
Kein Rauch ohne Feuer.	*Where there's smoke there's fire.*
Rache trägt keine Frucht.	*Revenge doesn't pay.*
Ein frohes Lachen macht auch den Nachbar froh.	*Happy laughter makes neighbors happy. (Laughter is contagious.)*

Kapitel 9

Viel Wenig machen ein Viel.	*Every little bit helps.*
Frisch gewagt, ist halb gewonnen.	*Nothing ventured, nothing gained.*
Einem geschenkten Gaul schaut man nicht ins Maul.	*Don't look a gift horse in the mouth.*

Kapitel 10

Die Glücklichen sind reich, nicht die Reichen glücklich.	*Happy people are rich, not rich people happy.*
Gleiche Pflichten, gleiche Rechte.	*Equal responsibilities, equal rights.*
Unrecht Gut gedeiht nicht.	*Crime doesn't pay.*
Herr oder Knecht, Recht bleibt Recht.	*Master or servant, right remains right.*

Kapitel 11

Ein weiser Mann macht nicht viele Worte.	*A wise man needs few words.*

Arm oder reich, der Tod macht alle gleich.	*Poor or rich, in death everyone is equal.*
Übung macht den Meister.	*Practice makes perfect.*

Kapitel 12

Was ich selbst nicht tu', trau ich auch nicht anderen zu.	*Expect from others only what you yourself would do.*
Allzeit fröhlich ist gefährlich, allzeit traurig ist beschwerlich, allzeit glücklich ist betrüglich, eins ums andere ist vergnüglich.	*It is dangerous always to be merry; it is troublesome always to be sad; it is deceptive always to be happy; it is pleasant to be one after the other (to change).*
Eintracht ernährt, Zwietracht verzehrt.	*Harmony nourishes, discord consumes.*

Kapitel 13

Erst der letzte Schritt bringt auf die Spitze des Berges.	*No job is done till the last task is completed.*
Worte fliegen, Geschriebenes bleibt.	*Spoken words disappear (fly away), written words remain.*
Der gerade Weg ist der beste.	*The straight way is the best.*

Grammatik Tabellen

Declension of der-words

	MASCULINE	FEMININE	NEUTER	PLURAL
NOMINATIVE	dieser	diese	dieses	diese
ACCUSATIVE	diesen	diese	dieses	diese
DATIVE	diesem	dieser	diesem	diesen
GENITIVE	dieses	dieser	dieses	dieser

Conjugation of modal auxiliaries

	dürfen	können	müssen	sollen	wollen	mögen	
ich	darf	kann	muß	soll	will	mag	möchte
du	darst	kannst	mußt	sollst	willst	magst	möchtest
er, sie, es	darf	kann	muß	soll	will	mag	möchte
wir	dürfen	können	müssen	sollen	wollen	mögen	möchten
ihr	dürft	könnt	müßt	sollt	wollt	mögt	möchtet
sie, Sie	dürfen	können	müssen	sollen	wollen	mögen	möchten

Adjective endings after der-words or ein-words

	MASCULINE	FEMININE	NEUTER	PLURAL
NOMINATIVE	(der) -e (ein) -er	-e	(das) -e (ein) -es	-en
ACCUSATIVE	-en	-e	(das) -e (ein) -es	-en
DATIVE	-en	-en	-en	-en
GENITIVE	-en	-en	-en	-en

Declension of possessive adjectives

	SINGULAR		PLURAL
	MASCULINE	NEUTER	FEMININE	ALL GENDERS
NOMINATIVE	ein mein unser	ein mein unser	eine meine uns(e)re	keine meine uns(e)re
ACCUSATIVE	einen meinen uns(e)ren	ein mein unser	eine meine uns(e)re	keine meine uns(e)re
DATIVE	einem meinem uns(e)rem	einem meinem uns(e)rem	einer meiner uns(e)rer	keinen meinen uns(e)ren
GENITIVE	eines meines uns(e)res	eines meines uns(e)res	einer meiner uns(e)rer	keiner meiner uns(e)rer

Reflexive pronouns

PERSONAL PRONOUNS			REFLEXIVE PRONOUNS	
NOMINATIVE	ACCUSATIVE	DATIVE	ACCUSATIVE	DATIVE
ich	mich	mir	mich	mir
du	dich	dir	dich	dir
er sie es	ihn sie es	ihm ihr ihm	sich	
wir	uns		uns	
ihr	euch		euch	
sie Sie	sie Sie	ihnen ihnen	sich	

Declension of relative pronouns

	MASCULINE	FEMININE	NEUTER	PLURAL
NOMINATIVE	der	die	das	die
ACCUSATIVE	den	die	das	die
DATIVE	dem	der	dem	**denen**
GENITIVE	**dessen**	**deren**	**dessen**	**deren**

Starke und unregelmäßige Verben

The following list includes many of the strong and irregular verbs used in the text. Many compound verbs like **ausrufen** are not included because their principal parts are the same as those of the stem verb (**rufen**).

INFINITIVE	PRESENT*	PAST	PAST PARTICIPLE	BASIC MEANING
abfahren	fährt ab	fuhr ab	ist abgefahren	to leave
abhängen von		hing ab von	abgehangen von	to depend upon
abnehmen	nimmt ab	nahm ab	abgenommen	to decrease
abschaffen		schuf ab	abgeschafft	to abolish
anfangen	fängt an	fing an	angefangen	to begin
anhalten	hält an	hielt an	angehalten	to stop
ankommen		kam an	ist angekommen	to arrive
(sich) anschließen		schloß an	angeschlossen	to join
(sich) anziehen		zog an	angezogen	to attract; to dress
aufstehen		stand auf	ist aufgestanden	to get up
aussteigen		stieg aus	ist ausgestiegen	to get off
befehlen	befiehlt	befahl	befohlen	to command
beginnen		begann	begonnen	to begin
behalten	behält	behielt	behalten	to keep
bekommen		bekam	bekommen	to receive
bitten		bat	gebeten	to request
bleiben		blieb	ist geblieben	to stay
brechen	bricht	brach	gebrochen	to break
brennen		brannte	gebrannt	to burn
bringen		brachte	gebracht	to bring
denken		dachte	gedacht	to think
dürfen	darf	durfte	gedurft	to allow
einladen	lädt ein	lud ein	eingeladen	to invite
einschlafen	schläft ein	schlief ein	ist eingeschlafen	to fall asleep
empfehlen	empfiehlt	empfahl	empfohlen	to recommend
enthalten	enthält	enthielt	enthalten	to contain
(sich) entscheiden		entschied	entschieden	to decide

*Only verbs with a vowel change in the third-person singular are listed.

INFINITIVE	PRESENT*	PAST	PAST PARTICIPLE	BASIC MEANING
erfrieren		erfror	ist erfroren	*to freeze to death*
erhalten	erhält	erhielt	erhalten	*to receive*
erkennen		erkannte	erkannt	*to recognize*
erraten	errät	erriet	erraten	*to guess correctly*
erschießen		erschoß	erschossen	*to shoot dead*
ersteigen		erstieg	erstiegen	*to climb*
essen	ißt	aß	gegessen	*to eat*
fallen	fällt	fiel	ist gefallen	*to fall*
fangen	fängt	fing	gefangen	*to catch*
finden		fand	gefunden	*to find*
fliegen		flog	ist geflogen	*to fly*
fliehen		floh	ist geflohen	*to flee*
frieren		fror	gefroren	*to be cold*
geben	gibt	gab	gegeben	*to give*
gefallen	gefällt	gefiel	gefallen	*to please*
gehen		ging	ist gegangen	*to go*
gelingen		gelang	ist gelungen	*to succeed*
gelten	gilt	galt	gegolten	*to be considered as*
genießen		genoß	genossen	*to enjoy*
geschehen	geschieht	geschah	ist geschehen	*to happen*
gewinnen		gewann	gewonnen	*to win*
sollen		sollte	gesollt	*to be supposed to*
spazierengehen		ging spazieren	ist spazierengegangen	*to go for a walk*
sprechen	spricht	sprach	gesprochen	*to talk*
springen		sprang	hat *or* ist gesprungen	*to jump*
stehen		stand	ist *or* hat gestanden	*to stand*
stehlen	stiehlt	stahl	gestohlen	*to steal*
steigen		stieg	ist gestiegen	*to climb*
sterben	stirbt	starb	ist gestorben	*to die*
tragen	trägt	trug	getragen	*to carry, wear*
treffen	trifft	traf	getroffen	*to meet*
treten	tritt	trat	getreten	*to step*
trinken		trank	getrunken	*to drink*
tun		tat	getan	*to do*
umziehen		zog um	ist umgezogen	*to move*
(sich) unterhalten	unterhält	unterhielt	unterhalten	*to converse*
unterscheiden		unterschied	unterschieden	*to distinguish*
verbieten		verbat	verboten	*to forbid*
verbinden		verband	verbunden	*to combine*
verbringen		verbrachte	verbracht	*to spend time*
vergleichen		verglich	verglichen	*to compare*
verschwinden		verschwand	ist verschwunden	*to disappear*
verstehen		verstand	verstanden	*to understand*
vertreten	vertritt	vertrat	vertreten	*to represent*
vorlesen	liest vor	las vor	vorgelesen	*to read aloud*
vorschlagen	schlägt vor	schlug vor	vorgeschlagen	*to suggest*

INFINITIVE	PRESENT*	PAST	PAST PARTICIPLE	BASIC MEANING
(sich) waschen	wäscht	wusch	gewaschen	*to wash*
wehtun		tat weh	wehgetan	*to hurt*
wellenreiten		ritt wellen	wellengeritten	*to surf*
werden	wird	wurde	ist geworden	*to become*
werfen	wirft	warf	geworfen	*to throw*
wiegen		wog	gewogen	*to weigh*
wissen	weiß	wußte	gewußt	*to know*
wollen	will	wollte	gewollt	*to want to*
zerreißen		zerriß	zerrissen	*to tear*
ziehen		zog	gezogen	*to pull*

Wörterverzeichnis (Deutsch-Englisch)

This vocabulary contains most of the German words with their English meanings as they appear in the text. Many entries may have additional meanings in different context. This list excludes some of the basic 500 words of elementary German. We have also omitted cognates. An asterisk (*) indicates that a verb is conjugated with *sein* as the auxiliary verb in the perfect tenses.

A

ab·drehen to turn off

*__ab·fahren (ä), u, a__ to depart, leave

sich ab·finden (mit), a, u to be resigned; to come to terms with

die **Abgase** exhaust fumes

ab·geben (i), a, e to return something; emit, radiate (ch. 11)

ab·halten (ä), ie, a to stage, hold

ab·holen to pick up

ab·legen (eine Prüfung) to take a test

ab·nehmen (i), a, o to lose weight

die **Abneigung** antipathy, disinclination

*__ab·reisen__ to depart, leave (on a trip)

ab·sagen to cancel

ab·schaffen to abolish

die **Abschaffung** abolition, abrogation

ab·schließen, o, o to sign an agreement

der **Abstieg** descent

ab·warten to wait

achten auf to pay attention to

ähnlich similar

die **Ahnung** idea, notion

allgemein universal; general

sich amüsieren über to be amused at

an·bieten, o, o to offer

anerkannt recognized

der **Anfang, ¨e** beginning

an·führen to list, mention, cite

an·geben (i), a, e (Preise) to quote a price

angeblich supposedly, alleged(ly)

das **Angebot, -e** offer

angegriffen weak, exhausted

an·gehören to belong

angemeldet announced

der **Angestellte, -n** employee

die **Angst, ¨e** fear

an·halten (ä), ie, a to stop

der **Anhang** appendix

an·hören to listen to

*__an·kommen, a, o__ arrive

*__an·kommen auf, a, o__ to depend upon; to arrive at

an·kreuzen to mark

an·lassen, (ä), ie, a to leave on

die **Anleihe, -n** loan

sich anmelden to enroll, register

an·nehmen (i), a, o to accept

an·preisen, ie, ie to praise (offer)

die **Anregung, -en** idea, suggestion

an·rufen, ie, u to call

an·schalten to turn on (TV, radio, etc.)

anschaulich expressive

anscheinend apparently

an·schnallen to buckle up (seatbelt)

die **Ansicht, -en** opinion

die **Ansprache, -n** address, talk

an·sprechen, (i), a, o speak to, address

sich anstrengen to try hard

anstrengend strenuous
an·wenden, a, a to apply, use
der **Anwesende, -n** person present
ärgerlich (wie) how annoying!
sich ärgern über to be angry about
arm poor
atmen to breathe
der **Aufenthalt, -e** stay, whereabouts
auf·fordern to ask, request
sich auf·regen to get excited, upset
auf·schreiben, ie, ie to write down
***auf·stehen, a, a** to get up
auf·stellen to set up
auf·suchen to see, look up
***auf·wachen** to wake up
***auf·wachsen, u, a** to grow up
aus·bessern to repair
der **Ausdruck, ⁻e** expression
aus·drücken to express
der **Ausflug, ⁻e** outing, excursion
aus·füllen (Formular) to fill out (a form)
aus·geben (i), a, e to spend (money)
ausgenützt exploited
ausgeschlafen well rested
das **Ausland** foreign country
der **Ausländer, -** foreigner
die **Ausnahme, -n** exception
aus·probieren to try out
sich aus·ruhen to rest
aus·schalten to turn off (radio, TV)
außerdem besides
äußerst very, extremely
die **Aussprache, -n** pronunciation
aus·stehen, a, a to put up with, to endure
aus·stellen (einen Paß) to issue (a passport)
aus·üben (Beruf) to pursue (a profession)

die **Auswahl** selection, choice
***aus·wandern** to emigrate
aus·wechseln to exchange
***aus·weichen, i, i** to avoid, make way for
auswendig lernen to learn by heart, memorize
die **Auszeichnung, -en** award, prize
aus·ziehen, o, o to move out, undress
der **Autoschlüssel, -** car key
der **Autounfall, ⁻e** car accident

B

der **Bahnhof, ⁻e** train station
die **Bankbeamtin, -nen** bank employee (f.)
das **Bankgeheimnis, -se** bank secret
das **Bankgeschäft, -e** bank business
das **Bargeld** cash
die **Basketballmannschaft, -en** basketball team
basteln to do crafts, to tinker
der **Bau** construction
bauen to build
der **Baustil, -e** building style
der **Beamte, -n** civil servant (m.)
die **Beamtin, -nen** civil servant (f.)
beantragen (etwas) to request (something)
sich bedanken to thank
bedauern to regret
die **Bedienung** service in a store, restaurant
sich beeilen to hurry
beeinflussen to influence
der **Befehl, -e** command, request, order
sich befinden, a, u to be situated
sich begeistern für to become enthusiastic
begründen to prove, substantiate

sich begrüßen to greet each other
behandeln to treat
die **Behandlung, -en** treatment
bekannt known
belegen (einen Kurs) to enroll (in a course)
beleidigen to insult
beliebtest . . . favorite
bemerken to notice, remark
sich bemühen um to take pains, to try hard
beraten (ä), ie, a to advise
bereit ready
***bereit sein** to be willing
bereits already
der **Berg, -e** mountain
berichten to report
der **Beruf, -e** occupation, profession
berühmt famous
sich beschäftigen mit to be occupied with
die **Beschäftigung** hobby, occupation
bescheiden modest
die **Bescherung, -en** giving of presents
beschleunigen to hurry up
beschreiben, ie, ie to describe
beschuldigen to accuse
die **Beschwerden (pl.)** difficulties; pains
sich beschweren to complain
besichtigen to view
besitzen, a, e to possess, own
besprechen (i), a, o to discuss
bestätigen to confirm
bestehen, a, a, (eine Prüfung) to pass (a test)
besteigen, ie, ie to climb
bestimmen to determine, decide
bestimmt certain
betonen to emphasize
betrachten to look at
betreiben, ie, ie (etwas) to engage in, pursue (something)

der **Betrieb, -e** company, business
betrunken intoxicated
der **Betrunkene, -n** drunk
sich **bewegen** to move
die **Bewegung, -en** exercise
der **Beweis, -e** proof
sich **bewerben (um), a, o** to apply
die **Bibliothek, -en** library
der **Bierdeckel, -** coaster for beer glass
die **Bierdose, -n** beer can
bilden (Sätze) to construct (sentences)
im **Bilde sein** to be informed
das **Bildungsprogramm, -e** educational program
der **Bittbrief, -e** request letter (for money or help)
bitten, a, e (um) to ask, request (for)
blaß pale
bloß only
die **Bluse, -n** blouse
böse angry, mean
die **Botschaft, -en** embassy
der **Brand, ̈e** fire
der **Brief, -e** letter
die **Briefmarke, -n** stamp
die **Brieftasche, -n** wallet
buchen (einen Flug) to book (a flight)
die **Bundesstraße, -n** federal highway
die **Burg, -en** fortress
der **Bürger, -** citizen
das **Bürgermeisteramt** mayor's office
das **Büro, -s** office

C
der **Chef, -s** boss, chief, head

D
damals at that time
die **Datenverarbeitung** data processing
die **Dauer** duration

auf die Dauer in the long run
deponieren to deposit
derzeitig at present
deutschprachig German-speaking
der **Diebstahl, ̈e** theft
die **Dienstzeit** period of service
der **Dirigent, -en** conductor
das **Dokument, -e** document
der **Dolmetscher, -** interpreter
der **Dom, -e** cathedral
das **Dorf, ̈er** village
dorthin there, that way
drohen to threaten
drücken to push
durch·denken, a, a to think through
durcheinander in confusion
*__durch·fallen (ä), ie, a__ to fail (an exam)

E
eben just now, even
ehrlich honest
die **Ehrlichkeit** honesty
eigentlich actually
der **Einblick, -e** insight
der **Eindruck, ̈e** impression
einfach simple
sich **etwas einfallen lassen, (ä), ie, a** to get an idea
einflußreich influential
die **Einführung, -en** introduction
*__eingehen (auf), i, a__ to accept, to consider (a proposal)
sich **einigen** to agree
das **Einkaufszentrum, -zentren** shopping center
ein·laden (ä), u, a to invite
ein·lösen to cash (a check)
einsam lonely, remote
ein·schicken to send in
sich **einschreiben, ie, ie** to enroll, register
ein·setzen to implant
*__ein·wandern__ to immigrate
der **Einwohner, -** inhabitant

die **Einzelheit, -en** detail
das **Eiskunstlaufen** figure skating
empfinden, a, u to feel
endlich finally
endlos endless
entfernt distant, remote
entlassen, (ä), ie, a to dismiss, release
die **Entlassung, -en** dismissal
sich **entscheiden, ie, ie** to decide
sich **entschließen, o, o** to decide
sich **entschuldigen** to apologize
sich **entspannen** to relax
enttäuscht disappointed
entwerfen, (i), a, o to draft, draw up
die **Entwicklung** development
sich **ereignen** to happen, come to pass
das **Ereignis, -se** happening, event
erfahren (ä), u, a to find out, learn
die **Erfahrung, -en** experience
der **Erfolg, -e** success
erfolglos without success
erfordern to require, demand
ergänzen to complete
das **Ergebnis, -se** result
erhöhen to raise
sich **erinnern** to remember
erkennen, a, a to recognize
erklären to explain
die **Erklärung, -en** explanation
sich **erkundigen** to inquire
erlassen (ä), ie, a to pass (a law)
erlauben to permit
erleben to experience
das **Erlebnis, -se** experience
erledigen to finish, take care of
ernsthaft serious
das **Erntedankfest** Thanksgiving
erraten, (ä), ie, a to guess

erreichen to reach, achieve
erschöpft exhausted
erschüttern to shatter
erst first
*****ersticken** to suffocate
erwartet expected

F
die **Fabrik, -en** factory
das **Fach, ̈er** subject
das **Pflichtfach, ̈er** required course
der **Faden, ̈** thread
der **Fall, ̈e** case (grammar)
fallen·lassen, (ä), ie, a to drop (a course)
falls in case, if
der **Familienangehörige, -n** member of a family
das **Familientreffen, -** family reunion
das **Faß, ̈er** barrel
fast almost
feiern to celebrate
der **Feiertag, -e** holiday
der **Felsen, -** rock
die **Ferien** vacation
fern·sehen (ie), a, e to watch TV
der **Fernseher, -** television set
die **Fernsehsendung, -en** television program
fertig finished
das **Fest, -e** holiday
die **Festspiele** (pl.) festivals (performances)
fest·stellen to determine
das **Feuer** fire
das **Fieber** fever
die **Filmschauspielerin, -nen** movie actress
die **Finanzwelt** world of finance
die **Firma, die Firmen** company, business
das **Fleisch** meat, flesh
*****fliegen, o, o** to fly
fluchen to curse, swear
die **Flugkarte, -n** plane ticket

das **Flugzeug, -e** airplane
das **Formular, -e** form, questionnaire
der **Fortschritt, -e** progress
die **Fortsetzung, -en** continuation
fragwürdig questionable
der **Franken, -** Swiss franc
die **Frauenbewegung, -en** women's movement
freilich certainly, to be sure
die **Freizeit** free time, leisure time
   Freizeit gestalten to arrange, organize, free time
der **Fremde, -n** stranger, foreigner
die **Fremdsprache, -n** foreign language
die **Freude, -n** joy
   sich freuen auf to look forward to
der **Friede(n)** peace
führen to lead
der **Führerschein, -e** driver's license
das **Fundbüro, -s** lost-and-found (office)
funktionieren to function, work
sich fürchten vor to be afraid of
der **Fußballspieler, -** soccer player
die **Fußballweltmeister-schaft, - en** soccer world championship
die **Fußgängerzone, -n** pedestrian zone

G
gar nicht not at all
das **Gaspedal, -e** accelerator
geboren born
der **Geburtsort, -e** birthplace
der **Geburtstag, -e** birthday
das **Gedicht, -e** poem
die **Geduld** patience
die **Gefahr, -en** danger

gefährden to endanger
gefährlich dangerous
der **Gefallen, -** favor
   einen Gefallen tun to do a favor
das **Gefühl, -e** feeling
die **Gegend, -en** area, region
gegenseitig mutual, reciprocal
der **Gegner, -** opponent
die **Gehaltserhöhung, -en** salary increase
geheim secret
das **Geheimnis, -se** secret
gehören(zu) to belong to
die **Geige, -n** violin
gelaunt sein to be inclined
die **Geldspende, -n** money contribution
die **Geldstrafe, -n** fine
*****gelingen, a, u** to succeed
gemeinsam together
das **Gemüse, -** vegetable
genau exact
genießen, o, o to enjoy
genug enough
geöffnet opened
gerade now, at the moment
das **Gericht, -e** dish; court
*****geschehen, (ie), a, e** to happen
das **Geschenk, -e** present
die **Geschichte, -n** story, history
geschieden divorced
die **Geschwindigkeits-begrenzung, -en** speed limit
die **Geschwister** (pl.) brother(s) and sister(s)
gesegnet blessed
das **Gesetz, -e** law
gesetzlich legal
gesichert secure, safe
das **Gesicht, -er** face
das **Gespräch, -e** conversation
das **Gesuch, -e** request, application
gesund healthy
die **Gewichtsklasse, -n** weight class

gewinnen, a, o to win
gewiß certainly
sich gewöhnen an to become accustomed to
die Gewohnheit, -en custom, habit
gewöhnlich usually
gießen, o, o to pour
giftig poisonous
das Gitter, - bars (in a prison)
die Gleichberechtigung equal rights
sich gleichen to be similar
das Glück luck
　　glücklich happy
gönnen to grant, not to envy or begrudge
der Grund, ̈e reason
gründen to establish, found
gründlich thorough

H
halb half
halten von (ä), ie, a to think of
handeln to act
das Haupt, ̈er head
Haupt . . . principal, main
das Hauptfach major (subject)
der Haupttreffer, - jackpot
der Hausbesitzer, - homeowner, landlord
heben, o, o to lift
heilen to heal
das Heilmittel, - cure, treatment
Heimatland homeland
heiraten to marry
das Hemd, -en shirt
der Heroinhändler, - heroin dealer
heutig present day
hierher here, this way
hinausschieben, o, o to postpone, procrastinate
hingegen however
hin·legen to lay down, put down
sich hin·legen to lie down
hinzu·fügen to add

hoch·legen to elevate
Höchstgeschwindigkeit, -en maximum speed
Höchstleistung, -en maximum performance
die Hochzeit, -en wedding
höflich polite
die Hose, -n pants, trousers
hüben und drüben here and there
hungrig hungry

I
die Impromturede, -n impromptu speech
die Informatik computer science
der Inhalt, -e content
inmitten in the middle
interessieren to interest
sich interessieren für to be interested in
inwiefern how far, in which way
irgend etwas something
irgendwo somewhere

J
das Jahrhundert, -e century
jeglich each
der Jude, -n Jew

K
das Kanonenfutter cannon fodder
die Kapitalsflucht flight (loss) of capital
die Karte, -n ticket, card
der Kasten, ̈ box
kegeln to bowl
kennen·lernen to meet, get acquainted
das Kernkraftwerk, -e nuclear power plant
die Kirche, -n church
die Klage, -n complaint
klagen über to complain about
die Klammer, -n parenthesis

klappen to work out (well), go smoothly
klar clear
sich im klaren sein to be aware of, understand, realize
das Klavier, -e piano
das Kleid, -er dress
klingeln to ring
kochen to cook
der Koffer, - suitcase
das Kohlendioxyd carbon dioxide
der Kollege, -n colleague
komponieren to compose
konfiszieren to confiscate
die Kontaktlinse, -n contact lense
das Konto, -ten account
der Kontoinhaber, - owner of an account
der Kopfschmerz, -en headache
der Körper, - body
der Kragen - collar
krank sick
der Kranke, -n sick person
das Krankenhaus, ̈er hospital
die Krankenschwester, -n nurse
die Krankheit, -en illness
das Kreuzworträtsel, - crossword puzzle
der Krieg, -e war
der Weltkrieg, -e world war
der Kriminalfilm, -e detective film
der Kunde, -n customer
der Kurs, -e course
kurz short, brief
die Kusine, -n cousin

L
das Labor, -s laboratory
lachen to laugh
die Landwirtschaft agriculture
sich langweilen to be bored
langweilig boring
lärmen to make noise

die **Laune, -n** mood
lebendig live(ly)
ledig single
lehren to teach
die **Leibeserziehung** physical education
das **Leid, -en** sorrow
leiden, i, i to tolerate, suffer
leider unfortunately
leihen, ie, ie to borrow, loan
leise quiet
leisten to accomplish
Militärdienst leisten to serve in the military
sich etwas leisten können to be able to afford something
leiten to lead
die **Lektüre, -n** reading (matter), books
Lieblings . . . favorite . . .
liegen·lassen (ä), ie, a to leave behind
der **Löffel, -** spoon
das **Los, -e** lottery ticket
die **Lust** desire, pleasure
lustig funny, humorous

M

der **Magistergrad** Master's degree
mähen to mow
malen to paint
der **Maler, -** painter
manchmal sometimes
der **Mangel, -̈** want, lack, deficiency
das **Maß (Bier)** quart
die **Mauer, -n** wall
die **Mehrheit** majority
meinen to mean, to think
die **Meinung, -en** opinion
meistens usually
melden to report, send word
der **Mensch, -en** man, mankind
menschlich human
die **Metzgerei, -en** butcher shop
der **Mißbrauch, -̈e** abuse
mißbrauchen, to abuse

das **Mißtrauen** mistrust
mißtrauen to mistrust
die **Miete, -n** rent
mindestens at least
das **Mitglied, -er** member
mit·machen to participate
mit·nehmen (i), a, o to take along
mit·schauen to look on (alongside)
der **Mittelsmann, -̈er** go-between
möglich possible
die **Möglichkeit, -en** possibility
das **Motorrad, -̈er** motorcycle
das **Motorradfahren** motorcycling
müde tired
die **Mühe, -n** effort
der **Mund** mouth
    den Mund halten to keep quiet, keep one's mouth shut
    mündlich, oral, verbal
die **Münze, -n** coin
das **Museum, die Museen** museum
die **Musik** music
musizieren to make music
mutig brave

N

der **Nachbar, -n** neighbor
nachdem after
nach·denken über to think about, reflect, ponder
die **Nachricht, -en** (piece of) news, report
nächst next
der **Nachteil, -e** disadvantage
der **Nachtisch, -e** dessert
nach·weisen, ie, ie to prove
nähen to sew
die **Natur** nature
natürlich natural
die **Naturwissenschaft -en** (natural) science
nennen, a, a to name, call
neulich recently

die **Nichtannahme, -n** non-acceptance
die **Niederlage, -n** defeat
niemand nobody, noone
der **Notdienst, -e** emergency service
die **Note, -n** grade
notwendig necessary
nüchtern sober
das **Nummernkonto, -ten** number account, account without a name
nützlich useful

O

obig above
offen open
die **Oper, -n** opera
die **Opernsendung, -en** opera broadcast
der **Ort, -e** place
der **Osten** east
der **Nahe Osten** Near East
die **Ostküste** east coast

P

ein paar a few
der **Papierkorb, -̈e** waste paper basket
die **Partei, -en** party (political)
passen to fit
passend suitable
der **Paß -̈sse** passport
das **Paßbild, -er** passport picture
*__passieren__ to happen
das **Pech** bad luck
    Pech haben to have bad luck
peinlich embarrassing
persönlich personally
das **Pferd, -e** horse
das **Pferderennen, -** horse race
die **Pflanze, -n** plant
das **Pflichtfach, -̈er** required course
der **Pilz, -e** mushroom
planen to plan
Plattfuß, -̈e flat foot

der **Platz, ⸚e** place
das **Plätzchen, -** cookie
die **Polizei** police
der **Polizeibericht, -e** police report
das **Polizeigericht, -e** police court
der **Polizist, -en** policeman
das **Porto** postage
prallen (gegen) hit, bounce (against)
der **Prater** (amusement) park in Vienna
das **Preisausschreiben, -** prize competition
prima first rate, great
putzen to clean
die **Putzfrau, -en** cleaning woman

R
das **Radfahren** bicycling
der **Rasen, -** lawn
raten, (ä), ie, a to advise
rauchen to smoke
die **Raumforschung** aerospace research
der **Rauschgifthändler, -** drug dealer
reagieren (auf) to react to
rechnen to calculate
die **Rechnung, -en** invoice; bill
der **Rechtsanwalt, ⸚e** lawyer
rechts ran to the right
der **Rechtsstaat** constitutional state
die **Rechtswissenschaft** jurisprudence, law
reden über to talk about
zur Rede stellen to call to account
die **Redensart, -en** idiom, saying
die **Regel, -n** rule
regelmäßig regularly
die **Regierung, -en** government
die **Registrierungspflicht** obligation to register
reich rich
rein·schauen to look in, see

das **Reisebüro** travel agency
****reisen** to travel
der **Reisescheck, -s** traveller's check
reiten, i, i to ride
die **Reklame, -n** advertisement
retten to save
die **Rolle, -n** role
  mit verteilten Rollen with assigned roles
rollschuh·laufen (äu), ie, au to roller-skate
der **Roman, -e** novel
rotieren to rotate
rudern to row
ruhig quiet

S
sachlich factual
sammeln to collect
die **Sammlung, -en** collection
der **Sänger, -** singer
sauber clean
säubern to clean
sauer sour
schade (wie) too bad
der **Schaden, ⸚** defect
schadhaft defective
schaffen to create, do
die **Schallplatte, -n** record
sich schämen (über) to be ashamed (of)
scharf sharp
das **Schaufenster, -** shop window, display window
scheinen, ie, ie to seem, appear; to shine
schieben, o, o to push
schief crooked, distorted
****schief·gehen, i, a** to go wrong
****schi·fahren, (ä), u, a** to ski
****schi·laufen (äu), ie, au** to ski
das **Schild, -er** sign
schlafen (ä), ie, a to sleep
das **Schlafmittel, -** sleeping pill
schläfrig sleepy
schließlich finally
****schlittschuh·laufen, (äu), ie, au** to ice-skate

die **Schlußprüfung, -en** final exam
schmecken to taste
der **Schmetterling, -e** butterfly
der **Schnee** snow
der **Schreck** fright
schrecklich terrible
schriftlich in writing
der **Schriftsteller, -** author, writer
das **Schuhgeschäft, -e** shoe-store
die **Schuld** guilt
der **Schutz** protection
die **Schwäche, -n** weakness
das **Schwein, -e** pig
schwindlig dizzy
schwindeln to cheat
segeln to sail
die **Seife** soap
das **Seil, -e** rope
selbst self, oneself
die **Selbstüberschätzung** overestimation of one's own capacity (ability)
selten seldom
die **Sendung, -en** broadcast
sicher certain, sure; secure
der **Sieg, -e** victory
der **Sieger, -** victor
der **Sinn, -e** sense, meaning
sinnvoll meaningful
die **Sitte, -n** custom
die **Sondersendung, -en** special broadcast
sonst otherwise
die **Sorge, -n** worry
sorgenlos carefree
sowohl . . . als auch as well . . . as
die **Spanische Hofreitschule** Spanish Riding School (in Vienna)
spannend exciting, full of suspense
sparen to save
der **Spaß, ⸚e** fun, joke
der **Spaziergang, ⸚e** walk
das **Spiel, -e** game

die **Sportart, -en** branch of athletics

die **Sportübertragung, -en** sports broadcast

das **Sprachlabor, -s** language lab

die **Sprachwissenschaft** linguistics

die **Sprechstunde, -n** office hour

das **Sprichwort, ⁻er** proverb

die **Spritze, -n** injection, shot

spüren to notice, to feel

der **Staatsbürger, -** citizen

die **Staatswissenschaft** political science

der **Standpunkt, -e** point of view, opinion

stark strong

statt·finden, a, u to take place

der **Stefansdom** St. Stephen's Cathedral (in Vienna)

stehlen, (ie), a, o to steal

*****steigen, ie, ie** to climb

der **Stein, -e** stone

die **Steinpest** atmospheric corrosion

die **Stelle, -n** place, employment

stellen to place, put

die **Stellung, -en** position

der **Steuerbetrüger, -** tax evader, tax cheater

das **Steuerrad, ⁻er** steering wheel

das **Stichwort, ⁻er** key word

sticken to embroider

die **Stimmung, -en** mood

stören to disturb

die **Strafe, -n** punishment

der **Strafzettel, -** traffic ticket

der **Strand, ⁻e** beach

streng strict

stricken to knit

der **Studiengang, ⁻e** curriculum, course of study

die **Studiengebühr, -en** tuition

*****stürzen** to fall down, plunge

suchen to seek

die **Suche (nach)** search (for)

die **Sünde, -n** sin

das **Sündengeld** illgotten money

die **Süßigkeit, -en** a sweet, candy, chocolate

T

das **Tagebuch, ⁻er** diary

täglich daily

das **Tal, ⁻er** valley

der **Tatort** scene of crime

tatsächlich actually; really, indeed

tauschen to exchange, trade

der **Teil, -e** part

teilen to share

teil·nehmen (i), a, o to participate

das **Telefongespräch, -e** telephone conversation

das **Thema, -en** topic, theme

das **Tier, -e** animal

der **Tierarzt, ⁻e** veterinary

toll great, crazy, wild

das **Tonband, ⁻er** tape

der **Totoschein, -e** chance ticket in soccer

der **Traum, ⁻e** dream

traurig sad

sich treffen (i), a, o to meet

trennbar separable

trotzdem in spite of

turnen to do gymnastics

der **Turnwettkampf, ⁻e** gymnastics competition

U

überein·stimmen to agree

überhaupt generally, at all, moreover

überlassen (ä), ie, a to cede, leave

überlegen to reflect, consider

übernehmen (i), a, o to take over

über·prüfen to examine, check

die **Überraschung, -en** surprise

überreden to persuade

überstehen, a, a to survive, withstand

die **Überstunde, -n** overtime

überzeugen to convince

üblich customary

*****übrig·bleiben, ie, ie** to remain, be left

die **Uhr, -en** clock, watch

um·leiten to detour

umschreiben, ie, ie to rewrite

um·wechseln to exchange

der **Umweltschutz** environmental protection

die **Umweltverschmutzung** pollution

*****um·ziehen, o, o** to move

der **Umzug, ⁻e** parade; move (change of residence)

der **Unabhängigkeitstag** Independence Day

unangemeldet unannounced

unangenehm unpleasant

unentschieden drawn (sports)

unerwartet unexpected

der **Unfall, ⁻e** accident

ungebeten unwelcome

ungefähr approximately

ungerecht unjust

ungewiß uncertain

das **Unglück, -e** accident

unmöglich impossible

unnötig unnecessary

unnütz useless

unpersönlich impersonal

unsicher insecure

unterbrechen (i), a, o to interrupt

unternehmen (i), a, o to undertake

unterscheiden, ie, ie to differentiate

der **Unterschied, -e** difference

unterstreichen to underline

unterwegs on the way, under way

unverheiratet unmarried

der **Urlaub** vacation

V

die **Verabredung, -en** appointment

verantwortlich responsible

33

verärgern to annoy, vex
verbessern to improve
verbieten, o, o to forbid
die **Verbindung, -en** connection
  in Verbindung setzen to get in touch
der **Verbrecher, -** criminal
verbringen, a, a to spend (time)
verdienen to earn
vergebens in vain
vergessen, (i), a, e to forget
vergleichen, i, i to compare
vergrössern to enlarge
sich **verhalten (ä), ie, a** to act, to behave
das **Verhältnis, -se** relationship
die **Verhältnisse (pl)** conditions
  über seine Verhältnisse leben to live beyond one's means
die **Verhandlung, -en** negotiation
verheiratet married
der **Verkehr** traffic
verlangen to request, demand
verletzen to hurt, injure
verliebt sein to be in love
verlieren, o, o to lose
verlobt sein to be engaged
vermeiden, ie, ie to avoid
die **Vermutung, -en** supposition, presumption
verpassen to miss
die **Verpflichtung, -en** obligation
verrichten to perform, accomplish
verringern to reduce
der **Versand** shipment, delivery
verschieden different
verschreiben, ie, ie to prescribe
sich **verschulden** to go into debt
die **Verspätung** delay
verständlich intelligible, clear
das **Verständnis** understanding

sich **verstehen, a, a** to get along
versuchen to attempt, try
verteidigen to defend
verteilte Rollen assigned roles, parts
die **Verteilung** distribution
das **Vertrauen** trust
vertreten (i), a, e to represent
verüben to commit, perpetrate
verursachen to cause
die **Verwaltung, -en** administration
die **Verwandte, -n** relative (f.)
verwenden to use
verzeihen, ie, ie to pardon, excuse
die **Verzeihung** pardon
verzögern to delay
völlig complete, entire
vollständig complete, entire
vor allem above all
*****vorbei·kommen, a, o** to come by, visit
vor·bereiten to prepare
vor·beugen to bend over
die **Vorfahren (pl)** ancestors
der **Vorfall, ⁻e** incident
vorgeschrieben prescribed
vor·haben to intend, plan
*****vor·kommen, a, o** to occur
vor kurzem recently
die **Vorladung, -en** summons, citation
die **Vorlesung, -en** lecture (university course)
der **Vorort, -e** suburb
der **Vorschlag, ⁻e** suggestion
vor·schlagen to suggest
Vorsicht! caution!
vor·stellen to place before; introduce
sich **etwas vor·stellen** to imagine
der **Vorteil, -e** advantage
der **Vortrag, ⁻e** lecture, talk, report
das **Vorurteil, -e** prejudice
vor·weisen, ie, ie to show, produce
vor·zeigen to show

W

die **Wahl, -en** election
wählen to vote; choose; select
wahrscheinlich probably, probable
der **Wald, ⁻er** forest
*****wandern** to hike
die **Wanderung, -en** hike
die **Ware, -n** goods
Weihnachten Christmas
weinen to cry
die **Welt, -en** world
der **Weltkrieg, -e** world war
die **Weltmeisterschaft, -en** world championship
wenigstens at least
das **Werbefernsehen** commercials
werfen (i), a, o to throw
wesentlich essential; very much
die **Westküste** west coast
wichtig important
die **Wiedervereinigung** reunification
wiegen, o, o to weigh
wirklich real, really
wirtschaftlich economical
die **Wirtschaftslehre** economics
wochenlang for weeks
wohlhabend well-to-do
sich **wundern** to wonder
der **Wunsch, ⁻e** wish
der **Wunschtraum, ⁻e** dream, wishful thinking

Z

zahlen to pay
der **Zahnarzt, ⁻e** dentist
die **Zahnpasta** toothpaste
der **Zaun, ⁻e** fence
zeigen to show
das **Zelt, -e** tent
zerbröckeln to crumble
zerstören to destroy
ziehen, o, o to pull
ein Gesicht ziehen to make a face
ziemlich rather

die **Zinsen** (pl.) interest (money)
zögern to hesitate
zornig angry
züchten to breed
zu·drücken to close, press (shut)
zufrieden satisfied

zu·geben (i), a, e to admit
zunächst at first
der **Zungenbrecher, -** tongue twister
zurück·bekommen, a, o to receive back, to get back
der **Zusammenhang, ⸚e** connection

zusammen·passen to match, harmonize
zusammen·stellen to put together
der **Zuschauer, -** spectator
zu·treffen (i), a, o to be right, correct
zwar indeed

Englisch-Deutsch

A

to **abolish** abschaffen
to **accept** annehmen
accident der Unfall, ⸗e
actual(ly) tatsächlich, wirklich
to **admit** zu·geben
to **afford** sich leisten
to **agree** sich einigen,
    übereinstimmen
alleged(ly) angeblich
already schon, bereits
angry zornig, wütend
to **annoy** ärgern
to **apologize** sich
    entschuldigen
apparent(ly) offenbar,
    anscheinend
application die Anwendung,
    -en, die Bewerbung, -en
to **apply (to)** anwenden
    to **apply for** ansuchen, sich
    bewerben (um)
to **arrest** verhaften
available erhältlich, vorhanden
to **avoid** vermeiden,
    verhindern

B

bad luck das Pech
barbed wire der Stacheldraht
besides außerdem
to **bet** wetten, eine Wette
    abschließen
bookstore die Buchhandlung, -
    en
boring langweilig
to **bribe** bestechen
bribery die Bestechung, -en

to **browse** in Büchern blättern,
    schmökern

C

to **cancel** absagen, ausfallen
    lassen
cancer der Krebs
careful vorsichtig
cast der Gipsverband
to **cause** verursachen
cause die Ursache, -en
to **celebrate** feiern
charity die
    Wohlfahrtsorganisation, -en
to **cheat** schwindeln
to **check** überprüfen
choice die Wahl, die
    Möglichkeit
clean sauber, rein
to **complain** klagen (über), sich
    beklagen
to **communicate** sich
    besprechen
complete(ly) völlig, vollkommen
to **congratulate** gratulieren
continuation die Fortsetzung, -
    en
to **contribute** beitragen
contribution der Beitrag, ⸗e
convenient bequem
to **convince** überzeugen
to **be correct** stimmen
courageous mutig
coverage (insurance) die
    Deckung
to be covered (insurance)
    versichert sein
cowardly feige

credit card die Kreditkarte, -n
crime das Verbrechen, -
criminal der Verbrecher, -
customary üblich

D

dangerous gefährlich
to **decide** entscheiden, eine
    Entscheidung treffen
to **decline** ablehnen,
    ausschlagen
to **defend** verteidigen
delay die Verspätung, -en
to **demand** verlangen, fordern
to **deny** leugnen, abstreiten
to **describe** beschreiben
to **destroy** zerstören
development die Entwicklung,
    -en
diary das Tagebuch, ⸗er
difference der Unterschied, -e
different verschieden, anders
difficult schwierig
difficulty die Schwierigkeit, -
    en
to **disagree** nicht
    übereinstimmen (mit)
to **disappoint** enttäuschen
to **discuss** besprechen,
    diskutieren
disease die Krankheit, -en
to **dismiss** entlassen
to **distrust** mißtrauen
to **disturb** stören
divorced geschieden
draft die Einberufung
driver's license der
    Führerschein, -e

donor der Spender, -
duty die Pflicht, -en

E

to **earn** verdienen
effort die Mühe, die
   Bemühung, -en
elimination (of disease) die
   Ausmerzung
embarrassing peinlich,
   unangenehm
to **embrace** umarmen, in die
   Arme schließen
emergency der Notfall, ⸚e,
   unvorhergesehenes Ereignis
to **endanger** gefährden
engaged verlobt
to **enjoy** genießen; gern haben;
   gefallen
equality die
   Gleichberechtigung
event das Ereignis, -se, die
   Veranstaltung, -en
to **examine (a patient)**
   untersuchen
   to **examine (a student)**
   prüfen
exception die Ausnahme, -n
exhausted erschöpft
expense die Ausgabe, -n
experience das Erlebnis, -se
to **explain** erklären
explanation die Erklärung, -en

F

to **fail** durchfallen
famous berühmt
to **fasten (seatbelt)** sich
   anschnallen
field (of study) das Fach, ⸚er
to **finish** beenden, abschließen
to **flee** flüchten
furniture die Möbel (pl.)

G

gasoline das Benzin
(in) general allgemein, im
   allgemeinen
generous großzügig, freigebig

to **get along** auskommen (mit),
   sich verstehen
grateful dankbar
greed die Habgier
great! toll, prima
to **grow up** aufwachsen
to **guard** bewachen
to **guess** raten, erraten

H

to **happen** geschehen,
   passieren
heart attack der Herzanfall
to **hire** anstellen
to **hit (with a car)** anfahren,
   umstoßen; rammen
host der Gastgeber, -
to **hurt (damage)** schaden
   to **hurt (injure)** verletzen
   it hurts es tut weh

I

to **ignore** ignorieren, nicht
   beachten
to **imagine** sich vorstellen
immediately sofort
important wichtig
impression der Eindruck, ⸚e
to **improve** verbessern
in case of falls
to **influence** beeinflussen
to **injure** verletzen
injury die Verletzung, -en
to **insult** beleidigen
insurance die Versicherung, -
   en
insured versichert
to **interfere** eingreifen, stören
to **interrupt** unterbrechen
to **introduce (oneself)** (sich)
   vorstellen
invitation die Einladung, -en

J

just gerade

K

to **keep out** nicht hereinlassen,
   ausschließen
to **kill** töten

L

landlord der Hausbesitzer,
   -, der Hauswirt, -e
law das Gesetz, -e
lease der Mietvertrag, ⸚e
life-saving lebensrettend
ligament das Band, ⸚er
   torn ligament der
   Bänderriß, -sse
loan die Anleihe, -n, das
   Darlehen, -
long time ago vor langer Zeit,
   vor langem
to **look at** anschauen, ansehen
to **look forward to** sich freuen
   auf
to **lose** verlieren
lost-and-found office das
   Fundbüro, -s

M

major field (of study) das
   Hauptfach, ⸚er
married verheiratet
to **marry** heiraten
matter die Sache, -n, das Ding, -e
to **mean** bedeuten, meinen
to **meet** treffen; (sich)
   kennenlernen
merchandise die Ware, -n
to **miss (chance, bus)**
   verpassen
mood die Stimmung, -en, die
   Laune, -n
mountain der Berg, -e
to **move (to)** umziehen,
   übersiedeln
to **mow** mähen

N

to **need** brauchen, benötigen
never nie
nobody niemand

O

offer das Angebot, -e
to **offer** anbieten
opinion die Meinung, -en, die
   Ansicht, -en

opponent der Gegner, -
to **overlook** übersehen

P

pain der Schmerz, -en
to **participate** teilnehmen,
  mitmachen
patience die Geduld
pay raise die Gehaltserhöhung,
  -en
peace der Friede(n)
peaceful friedlich
pedestrian der Fußgänger, -
perhaps vielleicht
to **persuade** überreden
pollution die Verschmutzung
posted angeschlagen,
  angezeichnet
power die Macht; die Kraft
to **prefer** vorziehen,
  bevorzugen
prejudice das Vorurteil, -e
to **prepare** vorbereiten
present, gift das Geschenk, -e
  to **give a present** schenken
probably wahrscheinlich
to **promise** versprechen
pronunciation die Aussprache
to **protect** beschützen
protection der Schutz
to **prove** beweisen

R

to **raise (rent, pay)** erhöhen
reason der Grund, ̈-e
recently vor kurzem, vor
  kurzer Zeit
to **reject** zurückweisen; eine
  Bitte abschlagen
relative der Verwandte, -n
to **relax** sich entspannen
rent die Miete, -n
to **rent** mieten
to **report** berichten
representative der Vertreter, -,
  der Repräsentant, -en
to **require** fordern, verlangen
required erforderlich (sein)

required course die
  Pflichtvorlesung, -en
required subject das
  Pflichtfach, ̈-er
responsibility die
  Verantwortlichkeit
responsible verantwortlich
to **retire** in den Ruhestand
  treten, in Pension gehen
road map die Straßenkarte, -n,
  die Autokarte, -n
rule die Regel, -n

S

sad traurig
sale der Verkauf
to **save (money)** sparen
to **save (life)** retten
schedule der Zeitplan, ̈-e, der
  Stundenplan, ̈-e
scholarship das Stipendium,
  die Stipendien
to **select (choose)** wählen,
  aussuchen
to **serve (army)** dienen
to **serve (customer)**
  bedienen
several mehrere
to **sew** nähen, schneidern
to **share** teilen
shot (injection) die Spritze, -n
to **sign** unterschreiben,
  unterzeichnen
similar ähnlich
simple einfach
single, unmarried ledig
sober nüchtern
soft(ly) leise
special program (TV, radio)
  die Sondersendung, -en
speed limit die
  Geschwindigkeits-
  begrenzung
to **spend (time)** verbringen
to **spend (money)** ausgeben
stipend das Stipendium, die
  Stipendien
strenuous anstrengend
to **substantiate** begründen

suburb der Vorort, -e
success der Erfolg, -e
to **suffice, be enough** genügen
to **suggest** vorschlagen
suggestion der Vorschlag, ̈-e
suitable passend
surprise die Überraschung, -en
to **surprise** überraschen

T

to **take (test)** ablegen
tape das Tonband, ̈-er
  on tape auf Band
to **taste** schmecken
tax refund die
  Steuerrückzahlung
to **tear (up)** zerreißen
television set der Fernseher, -
to **think over** sich überlegen
  (+dat.)
to **throw away** wegwerfen
ticket (police) der Strafzettel, -
to **tinker** basteln
together gemeinsam,
  zusammen
traffic regulations die
  Verkehrsregeln
to **treat** behandeln
treatment die Behandlung, -en
trust das Vertrauen
to **try** versuchen
tuition das Schulgeld; die
  Studienkosten
to **turn down (job)** nicht
  annehmen, ablehnen
to **turn off** ausschalten,
  abschalten
unconscious(ly) bewußtlos;
  unbewußt
unfortunately leider
unmarried unverheiratet, ledig
unpleasant unangenehm,
  peinlich
usually gewöhnlich

V

in vain vergebens
valid gültig

village das Dorf, ˉer
to **vote** wählen

W

wallet die Brieftasche, -n, die
Geldtasche, -n
war der Krieg, -e
to **waste** verschwenden
weakness die Schwäche, -n
Women's Movement die
Frauenbewegung
worry die Sorge, -n
to **worry** sich sorgen, sich
Sorgen machen

Photo Credits